Dieses Buch widme ich
meinem geliebten Mann Albin,
meinen wundervollen Kindern David und Salome,
die mit ihrer Einzigartigkeit mein Leben bereichern.

BEATE LOOS

im Gesicht erkennen

1. Auflage (2017)

Autor: Beate Loos
Für Fragen und Anregungen buch@beate-loos.de

Gestaltung & Layout: Jens Knolle
Lektorat, Korrektorat: Susanne Sperlich
Printed in Germany

Verlag: tao.de in J. Kamphausen Mediengruppe GmbH, Bielefeld,
www.tao.de, eMail: info@tao.de

Bibliografische Information der Deutschen Nationalbibliothek:
Die Deutsche Nationalbibliothek verzeichnet diese Publikation in der Deutschen Nationalbibliografie; detaillierte bibliografische Daten sind im Internet über http://dnb.d-nb.de abrufbar.

978-3-96051-670-5 (Paperback)
978-3-96051-671-2 (Hardcover)
978-3-96051-672-9 (e-Book)

Inhalt

Vorwort

In einer Zeit, in der Kommunikation zum großen Teil völlig anonym abläuft, und das Gegenüber lediglich ein Passwort oder ein erfundener Name ist, findet man in diesem Buch einen wunderbaren Gegenpol. Es wird wieder interessant, dem Partner/der Partnerin ins Gesicht zu sehen, und sich nicht nur selbst im Restaurant SMS zu schreiben.

Für den Interessierten eröffnen sich Welten: das Gesicht offenbart die Talente, die Fähigkeiten des Menschen, die Grundzüge seines Wesens und die Dinge, welche ihm schwer fallen. Dieses Wissen führt zwangsläufig zu mehr Toleranz und Verständnis für den anderen Menschen, und natürlich auch für sich selbst. Denn der tägliche Blick in den Spiegel verrät Ihnen mehr über Sie selbst, und sie können bestenfalls über Ihre „Schwächen" schmunzeln, und ihre Stärken nutzen.

Wer die Fähigkeit im Gesicht zu lesen dazu nutzt, den anderen zu verstehen, ihn zu unterstützen, und in seinen Fähigkeiten zu fördern, wird auch für sich selbst Anerkennung finden und für seine Fairness gelobt. Natürlich mag man versucht sein, den anderen wegen seiner im wahrsten Sinne des Wortes augenscheinlichen Schwächen zu verurteilen – doch ein Blick in den Spiegel auf die eigenen Unzulänglichkeiten neutralisiert dies meist sofort.

Das Einfache an dieser Methode ist, dass sie jederzeit und überall angewendet werden kann. Sie haben hunderte, ja tausende von Übungsobjekten, denen Sie täglich begegnen: an der Arbeit, im Zug, auf dem Seminar ... Und je geübter Sie werden, umso mehr Spaß bereitet es Ihnen, mit den unterschiedlichsten Menschen zu kommunizieren.

Dieses Buch ist der Weg dazu, und ich wünsche ihm, dass es den Weg in viele Hände findet, um die wunderbare persönliche, aufregende und lehrreiche Begegnung zwischen uns Menschen zu vertiefen und zu harmonisieren.

Steingaden, im Dezember 2016
Anita Kraut, HP

Einleitung

Wir alle sind einzigartige Fäden im großen Netz des Lebens. Wir alle sind auf der Welt, unseren einzigartigen Beitrag freudig zu leisten. Das, was uns von den Anderen unterscheidet, wartet, ja, sehnt sich nur darauf, zum Ausdruck zu finden uns gegenüber und der Welt gegenüber. Ich glaube, dass der Sinn des Lebens darin besteht, Glück zu verbreiten. Wenn wir es schaffen, die Dinge zu identifizieren, welche uns große Freude bringen, tritt auch diese große Wahrheit immer größer zu Tage.

Buddha aus „Sinn des Lebens"

Um Dich, lieber Mensch, in Deiner Seele liebevoll zu berühren, habe ich mich entschlossen, Dich in diesem Buch zu „Du-Zen" und hoffe, dass es Dir damit gut geht.

Mich begeistert und fasziniert immer wieder die Tatsache, dass mittlerweile mehr als sieben Milliarden Menschen auf unserem Planeten leben und kein Gesicht dem anderen gleicht. Dazu kommt noch, dass die Grundkonzeption bei allen Menschen dieselbe ist. Jeder hat seine Nase irgendwo zwischen den Augen, und alle haben den Mund über dem Kinn und die Ohren links und rechts am Kopf. Und doch spiegelt das Gesicht, bei genauerer Betrachtung, die Einzigartigkeit jedes Menschen wieder. Unser Gesicht ist unsere Visitenkarte. Mit ihm werden wir als Erstes wahrgenommen. Wir sind mit unserem Gesicht in der Lage, unsere Individualität zum Ausdruck zu bringen.

Lebst Du diese Einzigartigkeit zu deinem Wohl und zum Wohl der Anderen? Darf ich Dich auf eine Reise mitnehmen? Eine Reise, die in Deinem Gesicht beginnt und in Deinem Herzen endet? Du wirst Dir selber auf dieser Reise ein großes Stück näher kommen. Ich verspreche Dir, Du lernst Dich aus einem völlig neuen Blickwinkel kennen. Du wirst auch die Menschen um Dich herum in einem neuen Licht wahrnehmen Du wirst lernen, was all die Formen und Zeichen bedeuten, die dir tagtäglich begegnen, und es wird Dir helfen, das Leben Deiner Träume zu leben, denn Dein Gesicht zeigt Dir Deine Talente, Stärken, Fähigkeiten und Potenziale.

Man könnte glauben, dies wären moderne Erkenntnisse, doch es ist nichts Neues. Klar definierte Zonen im Gesicht werden schon seit einer sehr langen Zeit einer bestimmten Fähigkeit zugeordnet. Die Deutung blieb dabei durch alle Zeiten und alle Kulturen immer die Gleiche.

Gesichter sind unser wichtigstes Kommunikationsmittel. Wir lesen alle seit unserer Geburt in Gesichtern; es gehört zu den ersten Dingen, die menschliche Lebewesen tun. Kinder werden mit der Fähigkeit geboren, 45-50 cm weit zu sehen. Das ist genau die richtige Entfernung, um vom Arm der Mutter aus ihren Gesichtsausdruck wahrzunehmen.

Gesichter ziehen uns magisch an. Wir verbringen viel Zeit damit, durch scharfe Beobachtung herauszufinden, ob sich durch kleinste Veränderungen im Gesichtsausdruck eines Menschen ein Stimmungswandel ankündigt. In Studien zeigte es sich, dass auf der ganzen Welt die gleichen Grundgefühle auf dieselbe Art ausgedrückt werden. Selbst wenn man die Landessprache nicht beherrscht, kann in fremden Ländern eine Verständigung über die Gesichtsausdrücke zustande kommen, weil die Menschen im Gesicht lesen. Ein Gesicht spricht eine universale Sprache, sobald man sie verstehen lernt.

Es ist wichtig, dass wir uns stets dessen bewusst sind, dass jeder Mensch Talente hat, die unseren Respekt verdienen. Die Fähigkeiten, im Gesicht zu lesen, soll dazu dienen, Dich selbst und den Anderen zu erkennen, die Stärken und Schwächen, die Talente und Fähigkeiten. Dieses Wissen befähigt uns, uns selbst und den Wert des Anderen zu schätzen, die Stärken zu erkennen und zu nutzen, über die Schwächen hinwegzusehen und die Talente und Fähigkeiten zu fördern. Dies ist das Fundament für einen liebevollen, respektvollen Umgang miteinander und einer Harmonie im beruflichen wie privaten Alltag.

Wie schon ein chinesisches Sprichwort sagt, beginnt jede Reise mit dem ersten Schritt. Deshalb stelle Dir am Anfang deiner Reise folgende Fragen:

- Was für einen Menschen habe ich vor mir?
- Welche Charaktereigenschaften und Bedürfnisse hat mein Gegenüber?
- Wo liegen meine Stärken und Schwächen - und die des Anderen?

„Yin und Yang-Seite“: öffentliche Maske und private Persönlichkeit!

In China beginnt die Gesichtsdiagnose damit, dass man das Gesicht in zwei Hälften teilt: die Yin- und die Yang-Hälfte. Das Gegensatzpaar Yin und Yang bildet die Grundlage des chinesischen Denkens und wurde bereits Jahrhunderte vor unserer Zeitrechnung in Klassikern der chinesischen Literatur genannt. Ursprünglich bedeuten die Schriftzeichen die Schattenseite (Yin) und die von der Sonne beschienene Seite (Yang) eines Hügels. Es sind Polaritäten, die sich wechselseitig hervorbringen und gegenseitig bedingen. Das eine Prinzip kann ohne das andere nicht existieren – ohne Licht gibt es bekanntlich keinen Schatten.

Yin – oder die weibliche Seite:
Yin ist seiner Natur nach passiv oder empfangend. Es kühlt, seine Bewegungsrichtung ist absteigend oder nach unten treibend. Es wird mit dem Mond und der Dunkelheit assoziiert.

Yang – oder die männliche Seite:
Yang ist aktiv und wärmend. Es steigt hoch, baut auf, treibt an. Es wird mit der Sonne und Helligkeit in Verbindung gebracht.

In der chinesischen Medizin werden auch die Organe des menschlichen Körpers nach Yin (Nährstoffe oder Energie speichernde

Organe, z.B. die Milz) und Yang (Hohlorgane, die eine Verbindung nach außen herstellen können, z.B. der Magen), eingeteilt. Auch hier arbeiten Yin und Yang eng zusammen: Jedes Yin-Organ hat einen Yang-Partner. Zu viel oder zu wenig Aktivität des einen Organs wirkt sich entsprechend auf die Funktionen des Partnerorgans aus

Um herauszufinden, wie stark das Bedürfnis eines Menschen nach öffentlicher Maske und privater Persönlichkeit ist, unterteilen wir das Gesicht in zwei Hälften: und betrachten seine rechte Gesichtshälfte,seine Yin-Seite und seine linke Gesichtsseite,seine Yang-Seite. Die Yin-Seite ist die passive und daher weniger emotionale Seite, die wir der Welt zeigen, sozusagen unsere öffentliche Maske. Unsere linke Yang-Gesichtshälfte ist die aktivere Seite. Sie zeigt mehr unsere inneren Empfindungen, die wir nicht unbedingt öffentlich äußern. Sie hält außerdem alles fest, was wir unterdrücken wollen.
Sind die Falten und Furchen in der linken Gesichtshälfte (der privaten Persönlichkeit) tiefer als auf der rechten Gesichtshälfte (öffentliche Maske), können wir davon ausgehen, dass dieser Mensch dazu neigt, seine Gefühle zu unterdrücken, um nicht öffentlich zur Schau gestellt zu werden.

YIN
YANG
ÖFFENTLICH
PRIVAT

Auch aus westlicher Sichtweise lässt sich die Unterschiedlichkeit der beiden Gesichtshälften durch die Aufteilung der unterschiedlichen Hirnfunktionen leicht erklären. Wie wir aus der Gehirnforschung wissen, wird die rechte Körperseite von der linken Hirnhälfte versorgt, sie operiert logisch, sachlich, detailgenau und analytisch. Zum Denken benutzen wir die linke Hirnhälfte, in dieser Zeit verändert sich kaum unsere Mimik der rechten Gesichtsseite (Yin-Seite). Auf Dauer gesehen bildet somit die rechte Gesichtsseite weniger Falten mit Ausnahme der Lachfalten. Diese zeigen, wie der Name schon sagt, wie gern jemand lacht oder lächelt. Auch unser Humor wird von der linken Hirnhälfte gesteuert, weil nebeneinander scheinbar nicht zusammenhängende Dinge uns verblüffen und zum Lachen bringen. Die rechte Hirnhälfte, die ganzheitliche, kreative, intuitive, emotionale Hirnhälfte, versorgt die linke Körperseite, also auch die Yang-Seite des Gesichtes, die ausdrückt, was wir fühlen und wer wir wirklich sind. Diese rechte Hirnhälfte sendet Empfindungen und Gefühle zur linken Gesichtshälfte, um sich auszudrücken. Geschieht dies häufig, ist die linke Gesichtshälfte (Yang-Seite) stärker gezeichnet (faltiger).
Aus der Hirnforschung wissen wir, dass Männer und Frauen ihr Gehirn unterschiedlich einsetzen. Bei Männern ist immer nur eine Hirnhälfte aktiv, während bei Frauen beide Hirnhälften gleichzeitig Informationen verarbeiten. Das hängt mit dem Balken (Corpus Callosum) zusammen, der als Brücke zwischen den beiden Hirnhälften dient. Dieser Gehirnbereich ist bei Frauen größer und stärker vernetzt, weshalb sie Informationen mit beiden Hirnhälften verarbeiten können. Gehirnforscher der medizinischen Fakultät der Yale-Universität fanden heraus, dass verbale Äußerungen (Sprache) bei Männern nur in der linken, bei Frauen aber in beiden Hirnhälften verarbeitet werden. Das wiederum könnte eine Erklärung sein,

weshalb Frauen schneller ein faltiges Gesicht bekommen als Männer. Sie denken und fühlen gleichzeitig.
Bei Rechtshändern, die 80% unserer Bevölkerung ausmachen, ist das rechte Auge führend, d.h. wir nehmen mit dem rechten Auge (Yin-Seite/öffentliche Maske) vorwiegend die rechte Gesichtsseite unseres Gegenübers wahr. Daraus ergibt sich, dass wir uns mehr auf die öffentliche Maske, als auf die linke, private, emotionale Yang-Seite konzentrieren.
Ob unser rechtes oder linkes Auge führend ist, lässt sich leicht herausfinden, indem wir durch eingerolltes Stück Papier spähen, denn dabei nutzen wir unwillkürlich unser dominantes Auge.

Übung:
Betrachte dein Gegenüber einmal nur mit deinem linken Auge. Zuerst die rechte, dann die linke Gesichtsseite und dann vergleiche beide Gesichtsseiten. Du wirst merken, dass du dich in dein Gegenüber besser hineinversetzen kannst, da durch das Schauen mit dem linken Auge die rechte, ganzheitlich, emotionale Hirnhälfte stärker stimuliert wird.
Die Chinesen sagen, dass die Augen der Spiegel der Seele sind. Je weiter die Augen geöffnet sind, desto mehr ist man im Gefühl, was sich in Extremsituationen mit vor Schreck starr aufgerissenen Augen zeigt. Denken wir konzentriert nach, verengen sich unsere Augen eher.

Übung:
Öffne in einer Menschenmenge die Augen fünf Minuten bewusst ganz weit. Im Anschluss verengst du die Augen fünf Minuten lang. Du wirst merken: Mit weit geöffneten Augen fühlst du dich den Blicken der Anderen ausgesetzt und damit verletzlicher, während du mit engen Augen sofort in die Beobachterposition gerätst.

Diese Erkenntnis können wir für uns anwenden. Wenn wir konzentriert nachdenken wollen, können wir über unsere Lider die Augen verengen, und wenn wir uns öffnen wollen, um Gefühle und Eindrücke besser aufzunehmen, öffnen wir die Augen mehr.

Vergleichen wir beide Augen miteinander, so fällt auf, dass meist ein Auge größer ist als das andere. Wenn das rechte Auge größer ist, wirkt derjenige nach außen (Yin-Seite) offen, emotional und empfindsam, obwohl es sich in Wirklichkeit eher um einen analytischen, rationalen und vorsichtigen Menschen handelt. Bei Geschäftsleuten ist meist das linke Auge größer, da er sich gern als analytischer Denker zeigt und klug und scharfsinnig wirken möchte, doch im Innern empfindsam, weich, gefühlvoll und ausdrucksvoll ist.

Die Lachfalten, auch Krähenfüße genannt, die sich fächerförmig am äußeren Augenwinkel befinden, verdienen es ebenfalls, betrachtet zu werden. Sie sind bei demjenigen stark ausgeprägt, der gern und viel lächelt oder lacht, weshalb sie bei den Chinesen auch als Freudenlinien bezeichnet werden. Wie immer in der chinesischen Philosophie geht es um das Gleichgewicht. So werden aus Freudenlinien Sorgenfalten, wenn sie zu den Wangenknochen ausstrahlen und noch weiter nach unten zu Trauerfalten. Sogenannte Schmerzlinien verlaufen von dem äußeren Augenwinkel diagonal zur Nase. Chronisch unterdrückte Schmerzen oder Schmerzen, über die wir nicht reden, zeigen sich stärker auf der linken Gesichtshälfte (Yang-Seite/private Seite).

Von dem inneren Augenwinkel ausstrahlende Falten, die sich unter den Augen ausbreiten, sind „Linien verlorener Liebe“, die z.B. nach Trennung/Scheidung/Tod entstehen können. Kommt es zur Aussöhnung mit seinem Schicksal, wird diese Falte wieder schwächer und kürzer.

Der Mund und vor allem die Mundwinkel geben ebenfalls wichtige Hinweise auf das Yin/Yang-Gleichgewicht. Im Idealfall zeigen beide Mundwinkel im nicht lächelnden Zustand nach oben. Das Hochziehen der Mundwinkel ist ein energetischer Ausdruck von einer positiven Lebenseinstellung. Bei heruntergezogenen Mundwinkeln ist oftmals der Blick auf das Positive etwas verschleiert, so dass das Negative eher wahrgenommen wird.
Bei Menschen, die nach außen glücklich wirken und innerlich oftmals das Gegenteil empfinden, ist nur der rechte Mundwinkel nach oben gezogen und der linke nach unten. Wenn es bei Menschen genau umgekehrt ist, also der linke Mundwinkel zeigt nach oben und der rechte nach unten, so zeigt es, dass derjenige sich nicht traut, sich etwas zu wünschen, weil er nicht enttäuscht werden will . Also zeigt er nach außen, dass er auf das Schlimmste vorbereitet ist, obwohl er sich innerlich das Beste erhofft.
Hier noch das Ergebnis einer wissenschaftlichen Studie, in der es heißt, dass Optimisten eine 19-prozentig höhere Lebenserwartung haben als Pessimisten, und ganz unter uns: Sie haben vor allem mehr Spaß.

Übung: Ich mache mich glücklich!
Nimm dir täglich Zeit deinen Endorphinspeicher (Glückshormon) aufzufüllen, indem du fünf Minuten, deine Mundwinkel nach oben ziehst und sich in deinem Gesicht ein breites Grinsen ausbreitet.

Durch dieses Grinsen werden im Gehirn über Nervenbahnen die Gehirnzentren gereizt, die daraufhin Glückshormone (Endorphine) ausschütten und schon fühlst du dich besser.
Viel Spaß dabei.

Die Wangenpartie zeigt uns den Atem des Lebens, also die Kraft der Lungenenergie und des Immunsystems. Bei Überarbeitung und Stress ist der Bereich zwischen den Wangen und dem Kiefer eingefallen, d.h. dass bei diesem Menschen die Atmung zu flach ist, so dass die Gifte nicht richtig ausgeschieden werden. Im Wangenbereich lässt sich leicht überprüfen, ob sich eine Erkrankung gebessert hat oder ein Rückfall droht, besonders, wenn die linke Seite stärker betroffen ist. Ein dunkler Wangenbereich kann auf eine toxische Überbelastung des Immunsystems hinweisen. Menschen mit hohlen, dunklen Wangen funktionieren meist nur noch, ohne sich dabei lebendig zu fühlen, für sie wird es höchste Zeit, einen Gang zurückzuschalten und zu fühlen, wie es ihnen geht und was sie wirklich wollen. Wenn du dich gestresst und oder erschöpft fühlst,kann dir dieses Buch dabei helfen,klarer zu sehen und eine für dich passende Lösung zu finden, wenn Du weiterliest.

„3-Zonen-Gesicht“: Entschlussfreudigkeit

Beim Entscheiden scheiden wir von etwas, wir dürfen etwas verabschieden, loslassen. Das erfordert Mut und Tatkraft. Rüdiger Dahlke bietet uns hierfür, dass Bild des Kriegers, der sein Schwert aus der Scheide zieht, um tatkräftig eine Entscheidung herbeizuführen. Entschließen wir uns für etwas, öffnen wir uns und es wird Energie frei. Im Gesicht können wir durch die Einteilung der drei horizontalen Gesichtszonen(siehe Abbildung)erkennen, wie derjenige auf eine Situation reagiert, in der er sich entscheiden kann oder muß.

Die erste obere Zone geht von der Stirn bis zu den Augenbrauen. Sie steht für den Verstandesmenschen und wird in China die „Zone des Himmels“ (geistig/mentale Zone) genannt. Die Stirn, lat. Frons = Stirn steht für Konfrontation, was in den Sprüchen „jemanden die Stirn bieten“ oder „mit dem Kopf durch die Wand gehen“ zum Ausdruck kommt. Sie steht für die Geisteskraft (Denkerstirn) und ist das Schutzschild, hinter dem sich das Denken vollzieht. Ein Mensch mit ausgeprägter Stirn denkt zuerst nach, analysiert, stellt Listen auf und macht womöglich einen Plan, bevor er eine Entscheidung trifft.

Die zweite, mittlere Zone, die von den Augenbrauen bis unterhalb der Nase geht, wird als handlungsorientierte Zone bzw. als „Zone des Menschen/der Welt“ bezeichnet. Ist diese Zone dominant, so liebt dieser Mensch es, zu handeln, wenn Entscheidungen anstehen.

Die dritte, untere Zone, die unterhalb der Nase beginnt und am Kinn endet, steht für die emotionale/intuitive Entscheidungsenergie und wird in China der Erde zugeordnet. Ist diese Zone dominant, dann trifft derjenige seine Entscheidungen aus dem Bauch heraus.

Zone 1
Zone 2
Zone 3

Wie finde ich heraus, welche Partie bei mir dominiert ? Es ist die, die am größten ist. Um das herauszufinden, zeichne ich eine Linie, die durch die Mitte des Gesichtes geht und messe den Abstand der einzelnen Zonen ab (siehe Zonenbild!). Die längste Zone ist die stärkste Entscheidungskraft, während die kleinste Zone energetische Verstärkung benötigt.
Da unser Gesicht im Alter länger wird, verändern sich diese Zonen im Laufe des Lebens und können allmählich zu drei gleich großen Zonen führen, also zu sogenannten ausgewogenen Gesichtsproportionen. Doch selbst, wenn alle drei Zonen gleich groß sind, legt sich die Konfusion erst, wenn wir spüren können, wie sich völliges Übereinstimmen anfühlt, d.h. wenn der Wunsch nach Handeln aus dem Bauchgefühl hervorgeht, der Kopf dem Ganzen freudig zustimmt und sich die Entscheidung vollkommen richtig anfühlt.

Bis dieses harmonische Gleichgewicht erreicht ist, sollten wir uns bei wichtigen Entscheidungen von unserer dominanten Zone leiten lassen; bei unserer Entscheidungsfindung können wir sie in Stärke ummünzen.

Wie gehen wir mit Menschen der unterschiedlich dominanten Entscheidungszonen um?

Dominante 1. Zone: Himmel/Verstand

Haben wir einen Menschen mit einer **ausgeprägten hohen Stirn, also einer dominanten ersten Zone**, so handelt es sich um einen **Verstandesmenschen**. Will man mit ihm in Kontakt kommen, eine Verbindung schaffen, ist es gut, ihn zu fragen, was er über eine Sache denkt und ihm Zeit gibt, darüber nachzudenken. Denn wird er zu einer Entscheidung gedrängt, ist seine erste Reaktion ein NEIN. Vor einer größeren Anschaffung wägt dieser Mensch alle Für und Wider ab und holt sich weitere Informationen aus unterschiedlichen Quellen, bevor er sich entscheidet.

Zone 1

Dominante 2. Zone: Mensch/Welt/Handlung

Bei einer großen zweiten Zone handelt es sich um einen **handlungsorientierten Menschen.** Sein Wunsch ist es, rasch zur Tat zu schreiten. Er ist geschäftstüchtig, praktisch veranlagt und verfügt über einen gesunden Menschenverstand. Um solche Menschen anzusprechen, muss man sie fragen, ob das „so geht", „Sinn ergibt" oder ob es ihnen „praktikabel" erscheint. Sie möchten Zeit und Geld sparen und keine unnötige Energie verschwenden, deshalb freuen sie sich um jedes Schnäppchen, das sie ergattern. Was nicht heißt, dass sie Pfennigfuchser sind, sie wollen nur nicht mehr Geld ausgeben als nötig. Sie planen ihre Besorgungen genau. Deshalb gehen sie z.B. erst zur Bank, dann in die Reinigung, weil diese in derselben Straße sind und kaufen dann die Lebensmittel ein, weil die Tiefkühlkost nicht zu lange im Auto liegen soll. Es macht sie verrückt, wenn Menschen mit denen sie zusammenleben, Zeit und Geld verschwenden.

Zone
2

Dominante 3. Zone: Erde Emotion/Instinkt

Ein langes Kinn macht aus dem unteren Gesichtsdrittel die **dominante dritte Zone.** Das Kinn hat etwas mit Instinkt, Willen (Macht) und Durchsetzungskraft zu tun. Diese Menschen entscheiden aus dem Bauch heraus, sie **handeln instinktiv**. Wenn man sie nach dem Warum fragt, haben sie meist keine Antwort oder sagen: „Das war einfach so ein Gefühl." Um mit ihnen näher in Kontakt zu kommen, darf man sie fragen, wie sie etwas (gefühlsmäßig) finden. Sie wissen gleich, was sie wollen, wenn sie etwas finden, und springen sofort darauf an. Erst handeln, dann denken sie und richten ihr Leben meist nach ihren Gefühlen aus.

Zone 3

Zonenkrieg

In der Traditionellen Chinesischen Medizin, kurz TCM genannt, wird angestrebt, dass alle drei Zonen möglichst gleich groß sind, um im Fall einer Entscheidung auf alle drei Ebenen (Verstand/ Handlung/Gefühl) Zugriff zu haben. Ein Zonengleichgewicht kann aber auch zu einer Entscheidungsschwäche führen, da es oftmals schwierig ist, seine widerstreitenden Bedürfnisse unter einen Hut zu bekommen.

Meistens sind bei einem Menschen zwei Zonen gleich groß und es kann zu einem sogenannten Zonenkrieg kommen.
Sind die Zonen 1 und 2 etwa gleich groß, müssen mentale und praktische Bedürfnisse ausbalanciert werden. Das bedeutet, dass Pläne erst gründlich durchdacht und dann praktikabel und machbar sein müssen. Dieses kann z.B. bei Maschinenbauingenieuren sehr hilfreich sein, um ihre Zukunftsvisionen und planerischen Fähigkeiten in die Praxis umzusetzen.

Wenn die Zone 1 und 3 miteinander konkurrieren, wird ein Ausgleich zwischen verstandesorientierten und emotionalen Bedürfnissen nötig. Diese Menschen denken oftmals aus Angst vor falschen Entscheidungen zu lange nach, anstatt sich auf ihr Bauchgefühl zu verlassen. Oft fühlen und wollen sie das Gegenteil von dem, was ihnen der Kopf sagt. Ein wunderbarer Weg, aus diesem Dilemma herzuzukommen, ist, damit aufzuhören, seine Entscheidungen vor sich und anderen zu begründen, und sich klar zu werden, dass jede Nicht-Entscheidung auch wieder eine Entscheidung mit Folgen ist.

Etwas herausfordernder kann es auch werden, **wenn die Zone 2 und 3 in etwa gleich sind**. Diese Menschen sind äußerst pragmatisch und empfindsam zugleich. Sie machen z.B. Spontaneinkäufe und müssen dann diese Kleidung aus praktisch-effektiven Gründen lange tragen, obwohl sie ihnen nicht mehr gefällt. Sie verbinden exzellent das Berufliche mit dem Privaten, indem sie ein paar freie Tage anhängen, wenn sie geschäftlich unterwegs sind und so Reisekosten sparen.

Solltest du bei dir feststellen, dass du eine kleine Stirn hast, dann bedeutet das nicht, dass du zu wenig intelligent bist, es sagt nur, dass zu viel Nachdenken dich verwirrt.

Wenn deine mittlere Zone unterentwickelt ist, heißt das nicht, dass du nicht praktisch und geschäftstüchtig bist, es fällt dir nur schwerer oder ist dir nicht so wichtig.

Ist deine untere Zone kleiner, heißt das nicht, das du nicht emotional bist, es zeigt nur, dass du nicht gleich einen untrüglichen Instinkt oder ein klares Bauchgefühl bei deinen Entscheidungen hast.

Wir dürfen uns aber entspannen, da sich unser Gesicht, wie wir ja schon wissen, mit den Jahren verändert und länger wird; so werden sich auch unsere Entscheidungszonen wandeln und wir können im Laufe unseres Lebens alle Entscheidungszonen stärken und sie, wenn wir wollen, ganz unterschiedlich einsetzen.

Der Rahmen

Die Gesichtsform bildet den Rahmen eines Gesichts. Wir unterscheiden zwischen einem quadratischem, rechteckigem bzw. einem länglichem, rundem, ovalem, dreieckigem, trapezförmigem oder rautenförmigem Gesicht.

Als erste Regel gilt: je breiter das Gesicht, desto extrovertierter ist der betreffende Mensch. ?Wie meinst du dass

Das quadratische Gesicht

Bei Menschen mit einem quadratischen Gesicht, also fast genauso breit wie hoch, handelt es sich meist um kräftig gebaute, athletische, handlungsorientierte Menschen voller Tatendrang. Ihr kräftiger Kiefer verrät den sicheren Instinkt, aus dem heraus sie Risiken eingehen können. Der kantige Kiefer lässt auf Loyalität und Prinzipientreue schließen. Bei Führungskräften und Sportlern finden man häufig das quadratische Gesicht. Berühmte Persönlichkeiten mit einem quadratischen Gesicht sind Jacqueline Kennedy Onassis und Winston Churchill.

Das rechteckige Gesicht

Das rechteckige Gesicht hat viel mit dem quadratischen gemeinsam, es ist nur länger und schmaler. Diese Menschen wirken idealistisch und weitsichtig. Meist denken Sie erst, bevor sie handeln, setzen ihre Beschlüsse aber durchaus in die Tat um. Diese Gesichtsform begegnet uns hauptsächlich im Geschäftsleben und in der Politik, meist bei Managern oder Aristokraten, da sie Autorität und Vertrauen ausstrahlen. Bekannte Persönlichkeiten sind Grace Kelly und Ronald Reagan.

Das runde Gesicht

Das meiste Vertrauen wird Menschen mit einem runden Gesicht entgegengebracht. Gut gepolsterte Backen ruhen auf breiten Wangenknochen. Solche Menschen können energisch und impulsiv sein, lieben es sorglos und gemütlich oder benehmen sich mit Vergnügen wild und ungestüm. Je breiter und ausgeprägter die Wangenknochen sind, desto stärker ist der Ehrgeiz desjenigen. Je mehr die weich ge-

polsterten Backen auffallen, desto liebenswürdiger, unkomplizierter, weniger getrieben ist dieser Mensch.
Händler oder Partymenschen haben oft ein rundes Gesicht. Berühmte Beispiele sind Mickey Rooney oder Oprah Winfrey.

Das ovale Gesicht

Ein ovales Gesicht hat wiederum viele Gemeinsamkeiten mit einem runden Gesicht, es ist nur schmaler und feiner. Beim ovalen Gesicht ist die breiteste Stelle in Höhe der Wangenknochen, von dort verjüngt es sich nach oben und nach unten. Haaransatz und Kinn sind sanft gerundet, die untere Gesichtshälfte ist etwas länger. Menschen mit einem ovalen Gesicht gehen weniger aus sich heraus, ohne dass sie deshalb ungesellig wären. Sie haben ein feines Gespür für die Bedürfnisse und Gefühle anderer Menschen, weshalb sie häufig in diplomatischen oder sozialen Bereichen anzutreffen sind. Typische Vertreter sind Elizabeth Taylor. Sie galt als die schönste Frau der Welt und ihre wichtigste Rolle und den Weg ins wahre Leben fand sie indes erst spät, als sie Anfang der achtziger Jahre, noch vor dem Tod von Rock Hudson, als erste prominente Persönlichkeit über eine neue Seuche sprach und zur Schirmherrin der AIDS-Forschung mutierte. Diese Arbeit bedeutete ihr mehr als alles, was sie je als Schauspielerin geleistet hatte, hier endlich fand sie die Betätigung und Bestätigung, nach der sie so lange gesucht hatte.

Das dreieckige Gesicht

Das dreieckige Gesicht hat meist eine hohe, breite Stirn, ein spitzes Kinn, wenig gepolsterte Wangen mit stark hervortretenden Wangenknochen und eine schmale Nase. Menschen mit einem dreieckigen Gesicht haben ein hohes Konzentrationsvermögen, sind eher introvertiert, lieben das Denken, sind perfektionistisch und häufig unter Wissenschaftlern zu finden. Sie brauchen immer wieder Zeit für sich und ihre Gedanken. Typische Vertreter sind Albert Einstein und Fred Astaire, der nicht nur als Schauspieler,sondern auch als einzigartige Stepptänzen berühmt wurde.

Das trapezförmige Gesicht

Das trapezförmige Gesicht gleicht dem dreieckigen, nur bleibt das Gesicht von der großen Stirn an insgesamt breiter und endet in einem stumpfem, rundem oder eckigem Kinn. Diese Menschen sind meist Erfinder oder Darsteller. Sie haben eine starke Vorstellungsgabe. Sie sind Denker mit handfesten, umsetzbaren Ideen. Außerdem lieben sie es, Probleme zu lösen. Berühmte Vertreter waren Walt Disney und Katherine Hepburn.

Das rautenförmige Gesicht

Das rautenförmige bzw. herzförmige Gesicht kommt häufiger bei Frauen als bei Männern vor. Es zeichnet sich durch breite Wangenknochen, eine flache Stirn und ein kleines Kinn aus. Diesen Menschen ist es besonders wichtig, alles auf ihre Weise zu tun. Sie sind dadurch häufiger unter Hochspannung, gelten als temperamentvoll und eigensinnig. Ihr Spitzname ist „Primadonna". Eine typische Vertreterin diese Gesichtsform war Maria Callas.

Gesichtsformen können trügerisch sein, weil sie sich bei einer Gewichtszu- oder abnahme verändern.
Es gibt Menschen mit einer gemischten Gesichtsform z.B. einer ovalen Stirn und einem rechteckigem Kiefer - Kinnbereich. Hierbei verbinden sich die Eigenschaften beider Gesichtsformen, so dass es sich um einen sozial eingestellten Menschen mit guten Manieren und Managerqualitäten handelt. Das Bedürfnis, Anderen zu gefallen, verhindert aber vielleicht, dass er sich wie der rechteckige Gesichtstyp verhält. Wenn er seine Denkfähigkeit ausbaut und seine Furcht vor Ablehnung ablegt, dann kann er geschäftlich erfolgreicher zu sein.

Kurze Zusammenfassung:

- Bei einem kantigen Kiefer handelt es sich um ein quadratisches oder rechteckiges Gesicht.
- Pausbäckige Wangen haben runde Gesichtsträger.
- Ein ovales Gesicht hat einen gebogenen Haaransatz, während ein dreieckiges Gesicht eine breite Stirn und ein spitzes Kinn aufweist.

Denke daran: Die Gesichtsform ist nur der Rahmen, das Bild findet sich in den Gesichtszügen.

Wichtiger Hinweis

Extrem auffällige Gesichtsmerkmale = extreme innerliche Bedeutung

Unauffällige Gesichtsmerkmale = innerlich unauffällige Bedeutung

Wenn Du ein Gesicht betrachtest, dann fange immer mit dem Zeichen an, das dir als erstes auffällt, denn das wird eine wesentliche innere Bedeutung haben.

Die 5 Elemente und die Theorie der 5 Wandlungsphasen

Die Lebenskraft „Qi"

Was unser biologisches System lebendig macht, ist aus chinesischer Sicht eine Substanz, die „Qi" genannt wird. Diese Substanz durchdringt uns und erweckt uns zum Leben. Das Qi ist für unsere vitalen Funktionen verantwortlich. Es bewegt, transportiert, wärmt, schützt, es reguliert die Funktion der Organe, es ist für unsere emotionalen Regungen und unsere psychische Verfassung verantwortlich.

Qi stammt aus der Luft, die wir atmen, und aus unserer Nahrung. Gleichzeitig ist es das Qi, das die Atmung ermöglicht und den Brustkorb bewegt. Wir benötigen Qi, um der Nahrung die Energie zu entziehen und sie uns eigen zu machen. Qi ist also Ursache und Wirkung zugleich.

Alle Körperfunktionen, Gewebe, Organe, Blut, Schweiß und andere Sekrete, auch Emotionen und Verhalten, sind in den Augen der chinesischen Philosophie nicht trennbare Ausdrucksformen von Qi. Das Lungengewebe ist ebenso eine verdichtete Form von Qi, wie die Atmung selbst. Die Traditionelle Chinesische Medizin kennt keine Unterteilung in Körper, Geist und Seele. Auch wenn diese Aspekte des Daseins einzeln beschrieben werden, so sind sie immer nur Ausdruck der EINEN Schöpferkraft Qi.

Ist die Vitalenergie ausreichend vorhanden und kann sich ungehindert im Körper ausbreiten und wieder verdichten, ist das Qi also im freien Fluss, so ist der Mensch gesund. Kommt es jedoch zu Qi-Mangel, staut sich das Qi oder ist es in seinen Bewegungen behindert, so entstehen Schmerzen, Unwohlsein und Krankheit.

In China gilt die Zahl 5 als die Zahl des Lebens, sie wird durch die fünf Elemente Holz, Feuer, Erde, Metall und Wasser verkörpert. Alle Dinge der sichtbaren und unsichtbaren Welt – auch wir – werden von diesen fünf Elementen repräsentiert.

In der Natur sieht man sie in ihrer ursprünglichen Form. So steht ein See für das Element Wasser, ein Baum für Holz und der Boden unter unseren Füßen für Erde. Doch auch alles von Menschenhand Geschaffene ist eine Mischung aus diesen Elementen. Welches jeweils am stärksten vertreten ist, erfahren wir anhand der Eigenschaften, also zum Beispiel über Form und Farbe, kurz über die Energiequalität, die es symbolisiert.

Das Element Holz gilt als das erste Element. Es steht für den Frühling, den Beginn des Jahres. So wie in dieser Zeit die Natur erwacht und mit neuer Vitalität aus dem Boden empor sprießt, symbolisiert Holz das Hohe, Aufrechte – wie ein Baum, der sich gegen den Himmel streckt. Die Farbe des Holzelements ist Grün, die Ausrichtung geht nach Osten.

Menschen, die dem Holzelement angehören, erkennen wir an ihrem athletischen Körperbau. Die Qualität des Frühlings macht sie zu dynamischen, entschlussfreudigen und anpassungsfähigen Artgenossen. Ihre Ziele sind hochgesteckt und durch ihr aktives, zielgerichtetes Wesen erreichen sie langfristig dauerhafte Erfolge. Werden sie jedoch in ihrem Streben nach Höherem von ihrer Umwelt gebremst oder gar behindert, so reagieren sie unruhig, wütend oder gar jähzornig.

Das Element Feuer steht für Hitze und symbolisiert den Sommer, die wärmste Jahreszeit. Die Himmelsrichtung ist der Süden. Feuer dient als Wärmequelle und besitzt trocknende und gestalterische Fähigkeiten. So entsteht aus dem feuchten Teig durch die Hitze im Ofen ein Brot. Die Farbe des Feuers ist rot, seine Flammen steigen spitz nach oben.

Der Feuermensch ist genauso heißblütig. Er besitzt einen wachen Verstand, der ihn unentwegt tätig sein lässt. Dieses Maximum an Energie erwartet er auch von Anderen. Seine Sprunghaftigkeit verhindert bisweilen, dass er auch in den Genuss seiner Erfolge kommt, denn schon bevor er ganz oben ist, erlischt die Leidenschaft, und es treibt ihn an einen anderen Ort. Er ist sportlich, gelenkig und drahtig. Er redet gern und verbrennt sich manches Mal auch seine Zunge.

Das Element Erde steht für die Zeit der Ernte, für Fruchtbarkeit und Wachstum. Die Jahreszeit ist der Spätsommer, die Energie ruhig und zentriert. Dieses Element symbolisiert die Mitte. Erde entsteht aus der Asche des Feuers. Seine Farbe ist gelbbraun.

Erdmenschen stehen mit beiden Beinen fest auf der Erde. Sie sind zuverlässig und sprechen gerne sehr ausführlich über ein Thema, das vor allem sie selbst interessiert.

Das Element Metall gehört in die Zeit des Herbstes. Durch den Druck im Erdinneren werden die Mineralien zusammengepresst. Zu den Materialien des Elements Metall gehört Silber, das in der Form von schmückenden Accessoires gut zur Geltung kommt.

Metallmenschen sprechen nicht nur von Moral und Ethik, sie versuchen, diese hohen Ideale auch zu leben. Nicht immer gelingt ihnen das, so dass sich dieser innere Konflikt dann über Hautunreinheiten äußern kann.

Das Element Wasser steht für die kalte Jahreszeit, den Winter. Wasser hat die Eigenschaft, den Weg des geringsten Widerstandes zu gehen, es steht für Ruhe und Tiefe. Die alten Chinesen nannten das Wasser „das Blut des Lebens“. Die Farbe ist blau bis dunkelblau.

Wassermenschen sind in vielen Fällen hager und nervös. Da sie dem kalten Element angehören, frösteln sie leicht und suchen die Wärme. Sie wollen den Dingen auf den Grund gehen.

Man geht davon aus, das alle fünf Elemente miteinander im Einklang stehen müssen, um einen optimalen Energiefluss zu garantieren, da sie sich gegenseitig nähren, schwächen und kontrollieren können. Dieses Zusammenwirken der fünf Elemente wird in den vier Zyklen dargestellt.

Ernährungszyklus

Im Ernährungszyklus lässt Wasser das Holz wachsen. Holz wird zum Brennstoff für Feuer, das Asche produziert und dadurch die Erde nährt, während sich in der Erde Metall gebildet hat, das beim Schmelzen zu Wasser werden kann.

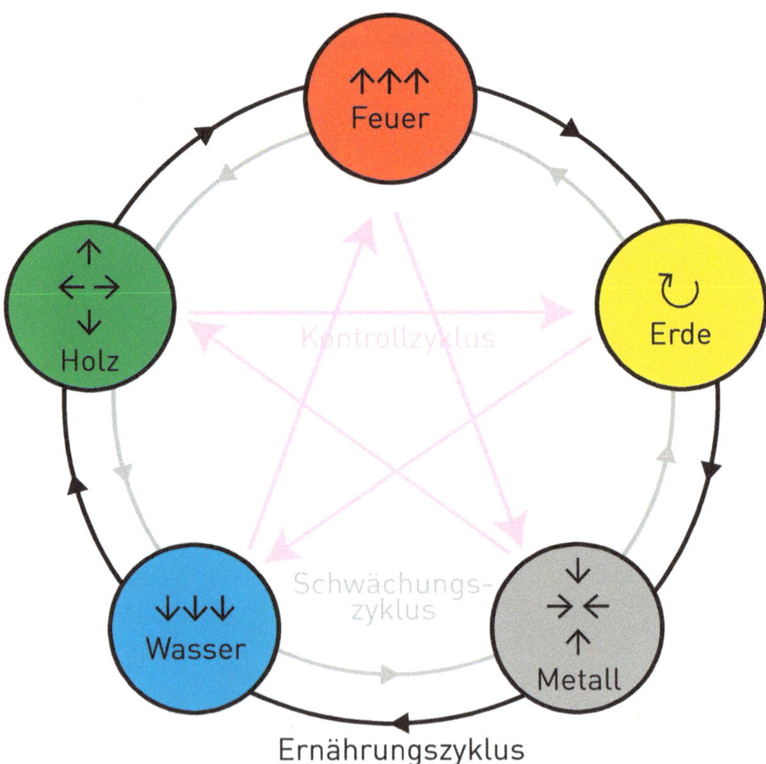

Anders gesagt:
Holz ernährt das Feuer,
die Asche des Feuers ernährt die Erde,
aus der Erde wird Metall gewonnen,
die Mineralien der Erde machen das Wasser lebendig,
Wasser ernährt die Pflanzen, aus denen Holz entsteht,
Holz ernährt das Feuer usw...

Im Normalfall ist das System ausgeglichen. Bei Problemen wie z.B. Krankheiten ist es das Ziel, diese Harmonie wiederherzustellen und zerstörerische Zyklen zu erkennen und aufzuheben.

Schwächungszyklus

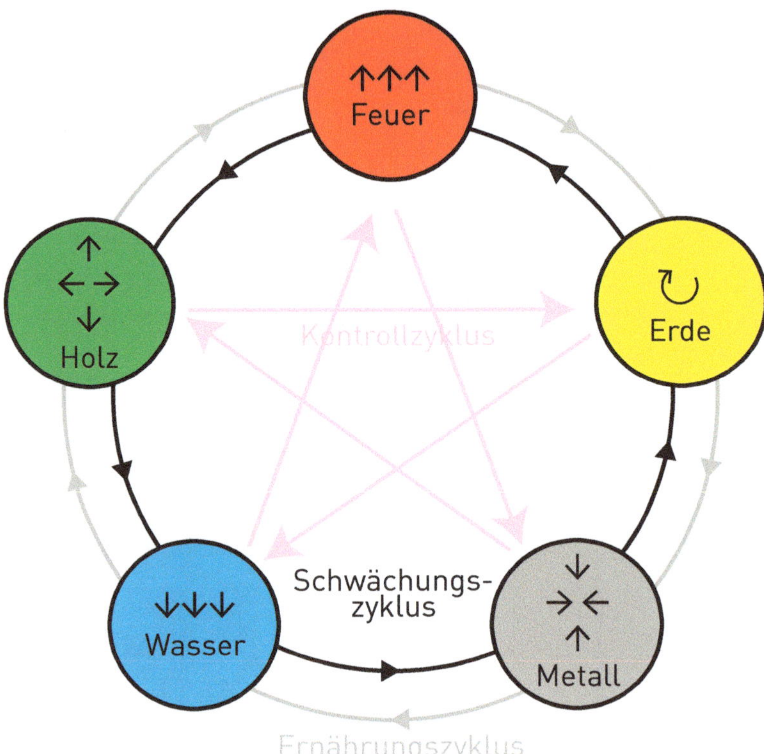

Jedes Element entwickelt sich durch Schwächung seines Vorgängers im Schwächungszyklus

Feuer verbrennt Holz,
Holz saugt Wasser auf,
Wasser korrodiert Metall,
Metall zieht Mineralien aus der Erde und
Erde erstickt Feuer.

Kontrollzyklus

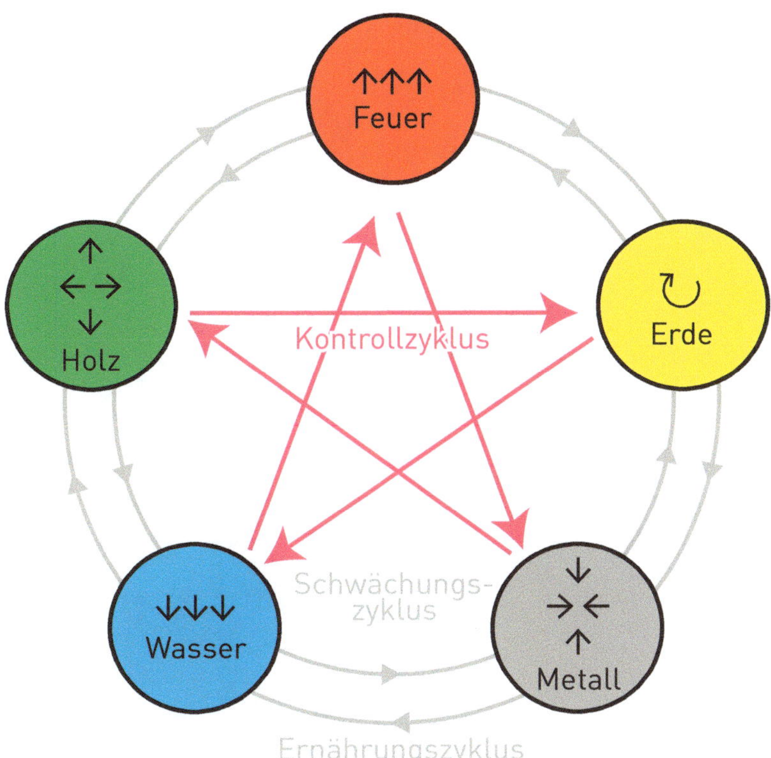

Der zweite wichtige Zyklus ist der Kreislauf der Kontrolle. Dieser Zyklus ist eine Gegensteuerung, die eingreift, wenn der Nahrungszyklus hakt. Weiter erkennt man am Kontrollzyklus, welche Elemente zueinander eine hemmende, also auch kontrollierende Beziehung haben.

Also könnte man sagen, dass der Kontrollzyklus so ähnlich abläuft wie das Kinderspiel „Schere, Stein, Papier“:

Wasser löscht Feuer, Holz entzieht der Erde Nährstoffe, Feuer schmilzt Metall, Erde blockiert den Wasserlauf und Metall (Säge) schneidet Holz.

Anders gesagt:
Holz kontrolliert die Erde (Wälder verhindern Bodenerosion),
Erde kontrolliert das Wasser (Wasser versickert im Boden),
Wasser kontrolliert das Feuer (es löscht das Feuer),
Feuer kontrolliert das Metall (Feuer hilft Metall zu schmelzen und zu verformen, um Werkzeuge und Geräte herzustellen),
Metall kontrolliert das Holz (Metall in der Form von der Axt hilft, im verwilderten Wald das Unterholz auszudünnen).

Schädigungszyklus

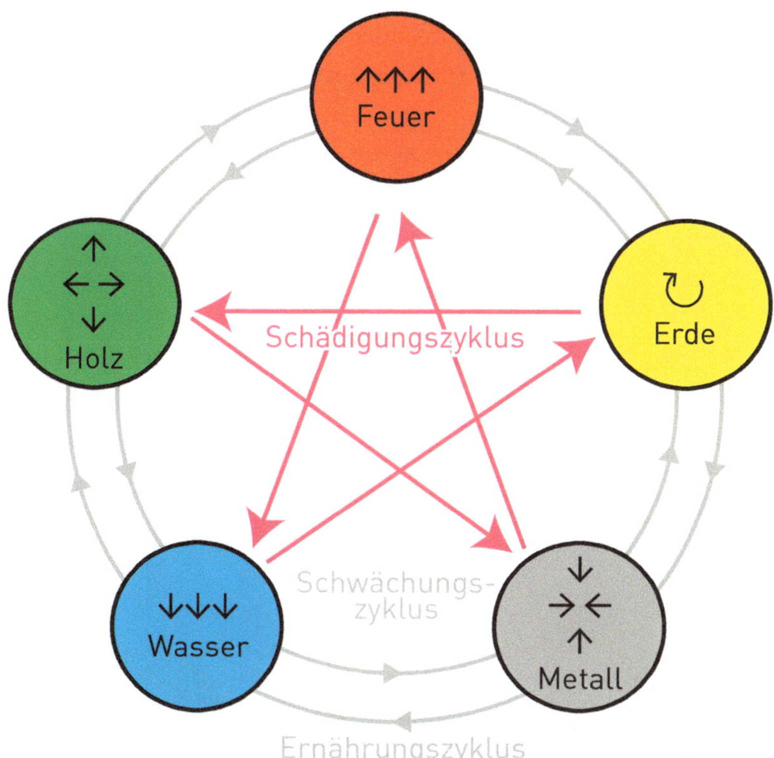

Erde überwältigt Holz (ein verheerendes Erdbeben),
Wasser überwältigt Erde (Überschwemmung zerstört Erde),
Holz überwältigt Metall (extensive Forstwirtschaft kann Mineralstoffverarmung des Bodens bewirken),
Metall überwältigt Feuer (Kriegswaffen können Fabriken, Kraftwerke oder Stromleitungen zerstören),
Feuer überwältigt Wasser (extreme Hitze kann Flussbette austrocknen).

Wandlungsphase Holz – Frühling

Diese Wandlungsphase entspricht der Kindheit, dem Vormittag und dem Osten. Sie steht für Wachstum, Entwicklung, Dynamik, aber auch für Flexibilität.
Holz will wachsen – und zwar am liebsten dynamisch und ohne Einschränkung. Stößt es an seine Grenzen, kann es schon einmal jähzornig oder beleidigt reagieren. Die lebendigen Grüntöne aus der Natur gehören ebenso zum Holzelement wie langgestreckte, hoch gewachsene Formen und der saure Geschmack. Die diesem Element zugeordneten Organe sind die Leber, die Galle, die Augen, die Sehnen, der Nacken und der Kopf.

Das Element Holz in Beziehung zu den anderen Elementen

Wasser nährt Holz (lässt es wachsen).
Holz nährt Feuer (verbrennen).

Metall zerstört Holz (durch Zersägen und Zerschlagen).
Holz zerstört Erde (durch Nährstoffentzug und Verdrängung).

Holz vermittelt zwischen Wasser und Feuer.

Holz wird gefördert durch:

- Wasser (nährt Holz)
- Feuer (wird durch Holz genährt)

Holz wird gehemmt durch:

- Metall (die Axt spaltet Holz)

Die Vitalzeichen des Holzelements im Gesicht:

Das Gesicht des Holz-Typen zeigt sich in einer rechteckigen Gesichtsform mit prägnanten Augenbrauen und einem starken Unterkiefer. Meist haben diese Menschen einen großen, sehnigen Körperbau, sie können aber auch klein und kräftig sein.

Holzmenschen sind voller Tatendrang, abenteuerlustig und jugendlich. Ihr Bedürfnis ist es, zu handeln. Von den fünf Sinnen des Menschen gehört das Sehen zum Element Holz und die stimmliche Äußerung ist das Schreien. Ein typisches Verhalten, wenn die Holzenergie im Ungleichgewicht ist, ist die geballte Faust.

Wandlungsphase Feuer – Sommer

Dieses Element verkörpert im Leben des Menschen die Zeit der Jugend. So wie der Sommer ist das Feuer trocken, voller Kraft und heiß aufsteigend. Deshalb steht es für Aktivität und pure Lebenskraft, aber auch generell für die geistige Erweiterung des Menschen und für Spiritualität im weitesten Sinne. Die entsprechende Farbe ist Rot, die zugeordneten Organe sind das Herz, der Dünndarm, die Zunge, die Blutgefäße, die Hände, der Brustkorb und die Rippen

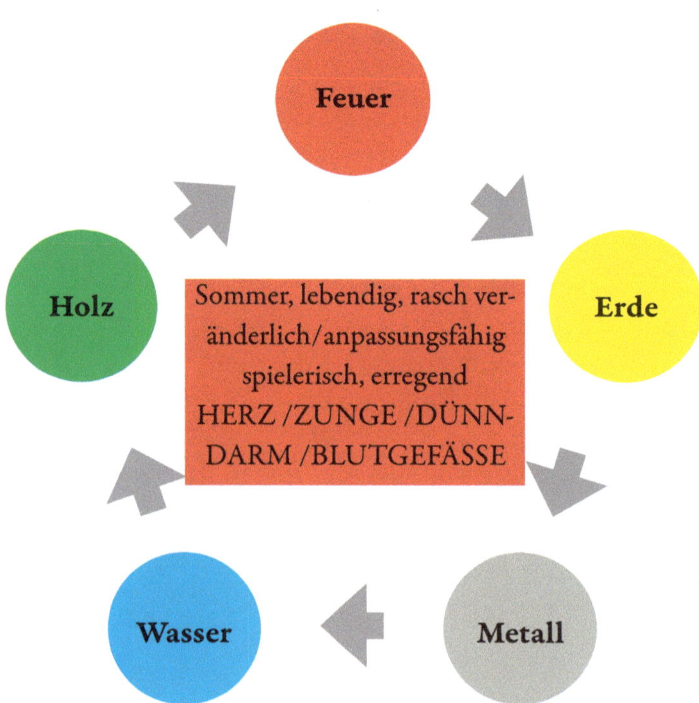

Das Element Feuer in Beziehung zu den anderen Elementen

Holz nährt Feuer (verbrennen).
Feuer nährt Erde (durch Asche).
Wasser zerstört Feuer (löschen).
Feuer zerstört Metall (schmelzen).
Feuer vermittelt zwischen Holz und Erde.

Feuer wird gefördert durch:

- Holz (nährt das Feuer)
- Erde (entsteht aus Feuer/Asche)

Feuer wird gehemmt durch:

- Wasser (löscht das Feuer)

Die Vitalzeichen des Feuerelements im Gesicht:

Vitalzeichen der Feuerenergie sind die Augen, die vor SEHEN (Lebensfreude) strahlen. Ihr Leuchten lässt die rege Geistigkeit und kleinste Gefühlsschwankungen erkennen. Auch Sommersprossen, Lachfalten und Grübchen sind deutliche Feuerzeichen.

Feuermenschen wollen spielen. Charakteristisch für sie ist ihre Offenheit. Es sind oft gesellige und aktive Typen, die sich viel bewegen. Feurige Menschen bekommen leicht Flecken im Gesicht. Von den fünf Sinnen ist das Fühlen am stärksten ausgeprägt, dadurch nehmen wir bei ihnen häufiger sowohl ein Lachen, als auch einen ängstlichen Blick wahr.

Wandlungsphase Erde – Spätsommer

Diese Wandlungsphase entspricht dem reifen Erwachsenenalter. Charakteristisch für diese Zeit und das Element sind das Nähren, Reifen und Ernten.
Erde steht für Stabilität und Sicherheit, aber auch für Familienzusammenhalt im weiteren Sinne und einer eher konservativen Geisteshaltung. Erde bedeutet auch Tradition, Verbundenheit und die Bereitschaft, sich für andere Menschen einzusetzen. Das Element symbolisiert die Mitte und im Allgemeinen die Zeit der Reife – im Leben wie im Jahreslauf. Zum Erdelement gehören alle Gelb-, Ocker- und Brauntöne, runde Formen und der süße Geschmack. Die Organe des Erdelements sind der Magen, die Bauchspeicheldrüse, die Milz, der mittlere Rücken und die Muskeln.

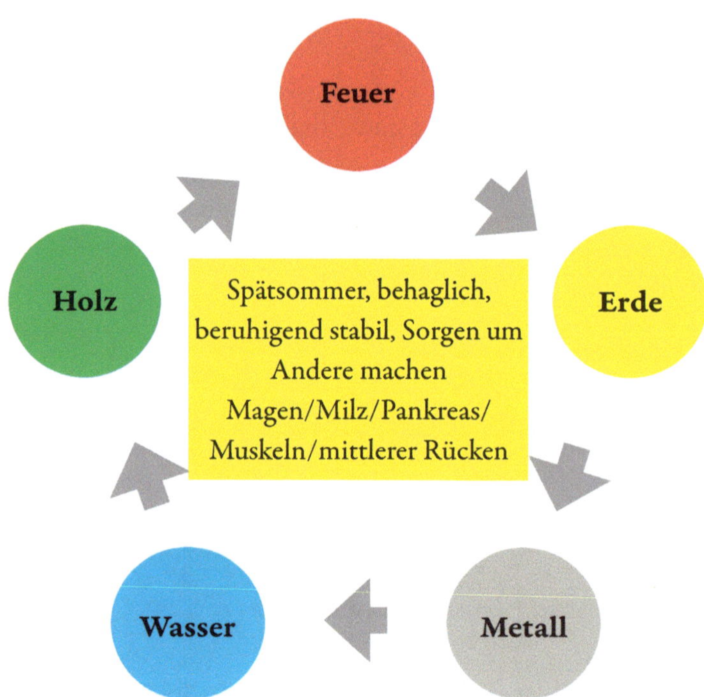
Feuer
Holz
Spätsommer, behaglich, beruhigend stabil, Sorgen um Andere machen
Magen/Milz/Pankreas/ Muskeln/mittlerer Rücken
Erde
Wasser
Metall

Das Element Erde in Beziehung zu den anderen Elementen

Feuer nährt Erde (Asche).
Erde nährt Metall (bringt Erze hervor).
Holz zerstört Erde (Nährstoffentzug).
Erde zerstört Wasser (verunreinigt es).
Erde vermittelt zwischen Feuer und Metall.

Erde wird gefördert durch:

- Feuer (erzeugt Asche, die zu Erde wird)
- Metall (bildet sich in der Erde)

Erde wird gehemmt durch

- Holz (entzieht der Erde Nährstoffe)

Die Vitalzeichen des Erd-Elements im Gesicht

Die Vitalzeichen der Erdenergie sind der Mund bzw. die Lippen und fleischige Wangen.

Erdmenschen brauchen Familie und Freunde. Sie legen besonderes Augenmerk auf Harmonie, Ruhe und Ausgeglichenheit, sind produktiv und klar in Denken und Aussage. Sie lieben materielle Dinge und sind meist rundlich, muskulös und manchmal auch etwas mollig. Sie lieben das Singen und Schmecken ist ihr Haupt-Sinnesmerkmal, weshalb sie zum Spucken neigen, wenn sie sich überfordern. Auf der Gefühlsebene zeichnet sich die Erde-Menschen dadurch aus, dass sie sich ständig Gedanken um Andere machen – nicht umsonst schlagen ihnen Sorgen häufig auf den Magen.

Wandlungsphase Metall – Herbst

Das Metall steht für Abschied vom Äußeren und Rückzug ins Innere. Es steht für Tatkraft, Entschlossenheit, Fortschrittlichkeit, Zähigkeit und einem ideellen Abstand zu den Dingen. Metall steht außerdem für ein kühles, strategisches Denken, sowie für einen rationalen Umgang mit Geld. Der Herbst ist hier die zugehörige Jahreszeit und auch im Lebenszyklus läutet das Metall die Zeit ein, in der man so langsam die Streu vom Weizen zu trennen vermag und sich von alten Gewohnheiten trennt. Weiß ist eine Farbe dieses Elementes, flache, ebene Formen und der scharfe Geschmack repräsentieren ebenfalls das Metall. Die zugeordneten Organe sind Lunge, Dickdarm, Nase, Haut, die Körperbehaarung und der obere Rücken.

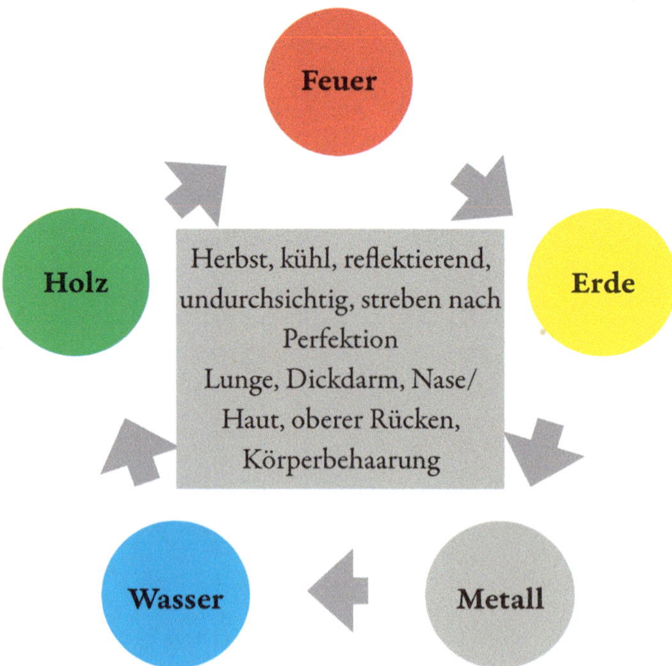

Das Element Metall in Beziehung zu den anderen Elementen

Erde nährt Metall (Erze entstehen innerhalb der Erde).
Metall nährt Wasser (Mineralisierung).
Feuer zerstört Metall (schmelzen).
Metall zerstört Holz (fällen).
Metall vermittelt zwischen Erde und Wasser.

Metall wird gefördert durch:

- Erde (enthält Metall-Erze)
- Wasser (wird durch Metallsalze mineralisiert)

Metall wird gehemmt durch:

- Feuer (schmilzt Metall)

Die Vitalzeichen des Metall Elements im Gesicht:

Die Vitalzeichen der Metallenergie sind die Nase, die Wangenknochen, die Orbita (Bereich unter der Augenbraue) und die Haut.

Metall-Typen sind wie das Material selbst: klar, zielgerichtet, strukturiert, gewissenhaft, aber auch schneidend und hart.

Wandlungsphase Wasser – Winter

Diese Phase entspricht dem Ursprung, der Geburt und dem Tod. Rückzug und inneres Besinnen finden hier statt. Das Wasserelement gilt als Quelle der Weisheit und geistigen Kraft
Im ihm spielen Emotionen und Begeisterung nicht mehr die größte Rolle, denn die geistige Ebene kommt zum Zuge. Wasser stellt im Grunde alles in Frage und denkt über die Grenzen des Greifbaren hinaus. In unserem Lebenszyklus, wie im Jahreskreis, kehrt mit dem Wasser der Winter ein – eine Zeit, in der man sich ins Innere zurückzieht und sich auf das Wesentliche konzentriert. Die Farben Schwarz und Dunkelblau stehen ebenso für Wasser wie unregelmäßige und wellenförmige Formen und der salzige Geschmack. Das Wasserelement im Körper wird unter anderem repräsentiert durch die Nieren und die Blase, die besonders durch ein Gefühl von Angst aus dem Gleichgewicht gebracht werden können. Ebenso zählen die Ohren, der untere Rücken, das Knie und das Gehirn zum Wasserelement.

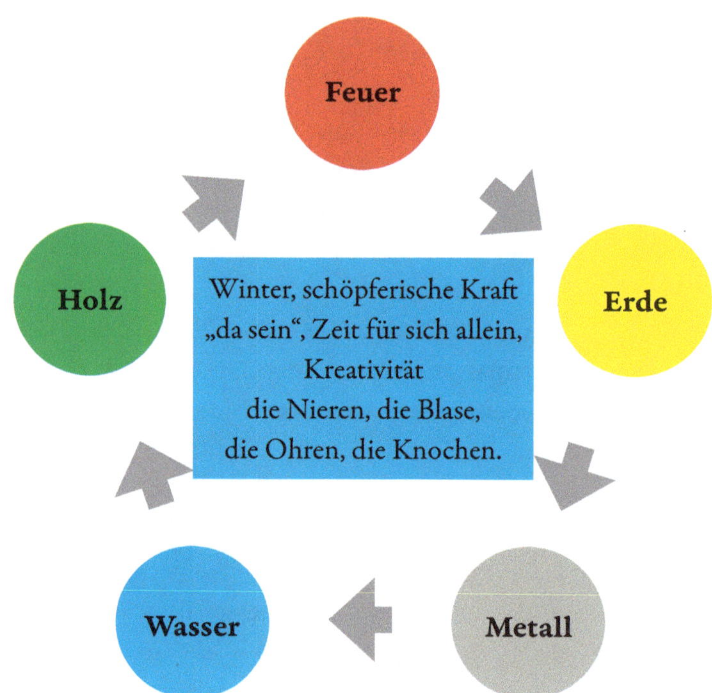
Feuer
Holz
Erde
Winter, schöpferische Kraft
„da sein", Zeit für sich allein,
Kreativität
die Nieren, die Blase,
die Ohren, die Knochen.
Wasser
Metall

Das Element Wasser in Beziehung zu den anderen Elementen

Metall nährt Wasser (mineralisiert es).
Wasser nährt Holz (lässt es wachsen).
Erde zerstört Wasser (aufsaugen).
Wasser zerstört Feuer (löschen)
Wasser vermittelt zwischen Metall und Holz.

Wasser wird gefördert durch:

- Metall (mineralisiert das Wasser)
- Holz (wächst durch Wasser)

Wasser wird gehemmt durch:

- Erde (begrenzt das Wasser)

Die Vitalzeichen des Wasser Elements im Gesicht:

Die Ohren verkörpern am deutlichsten den Vitalausdruck des Wasserelements. Danach sollte man den Haaransatz, den oberen Stirnbereich, die Partie unter den Augen und das Kinn berücksichtigen.

Das Bedürfnis des Wassermenschen ist es „da zu sein“, Zeit für sich allein zu haben. Der Wassertyp ist kreativ, gelassen, heiter, ruhig und mit vielen Lebensweisheiten ausgestattet. Das Hören ist sein Hauptsinn. Bei einer Schwächung seines Elements neigt er zum Stöhnen und zum Zittern (Winter/kalt).

Die Elemente-Typen

Der Holz-Typ

Das Wesen des Holzelements

Das Holz ist dem Frühling zugeordnet, also der Zeit des Wachstums. Dinge kommen in Bewegung und so liebt es der Holz-Typ, dies mit viel Kraft und Temperament zu tun. Die dem Holzelement zugehörigen Menschen messen sich gerne im (Wett-)Kampf. Ihre starke Energie ist der Aufbruch, außerdem können sie hervorragend organisieren. Sie wollen etwas tun. Sie sind der Krieger und Beschützer in einer Person. Sie lieber die Herausforderung und überschreiten gern ihre Grenzen, weshalb man sie oft in Extremsportarten antrifft. Sie sind kraftvoll, rebellisch, temperamentvoll und besitzen eine ausgeprägte Führungsstärke. Um im Gleichgewicht zu bleiben, müssen sie sich ständig bewegen und aktiv sein.

Holz hat eine sehr starke Energie, welche sich in den Emotionen auch als Aggression und Zorn äußern kann.

Eine Blockade der Holzenergie den Menschen in seiner persönlichen, geistigen und spirituellen Entwicklung und führt im Leben dieses Menschen zu Spannungen und Wut. Dies gilt auch umgekehrt: Kann sich der Mensch nicht persönlich, geistig und spirituell entfalten, führt dies zu einer Blockade der Leber-Energie. Diese verursacht Spannungen, Aggressionen und Wut. Längerfristig kann sich die Energie nur noch mit einer Explosion den Weg frei räumen.

Mit einem ausgeglichenen Holzelement lebt der Menschen in friedlicher Koexistenz mit seiner Umwelt, gleichzeitig ist es ihm aber auch möglich, einen individuellen Ausdruck zu finden.
Die Organe des Holzelements sind die Leber und Gallenblase. Sie stehen für das Planen und Entscheiden.

Organe und Organsysteme, die dem Holz-Element zugeordnet werden

LEBER

Die Leber wird auch als General bezeichnet. Sie ist zuständig für die Verteilung des Blutes, damit jeder Teil des Organismus das bekommt, was er braucht. Um dieser Aufgabe nachkommen zu können, benötigt die Leber genügend Ruhe und Schlaf (insbesondere in der „Leber/Gallen-Zeit": Gallenzeit von 23.00 - 1.00 Uhr, Leberzeit von 1.00 - 3.00 Uhr). Weiter verfügt ein General aber auch über einen (visionären) (Über-)Blick und vermag zu planen.

Die Leber speichert das Blut und ist zuständig für einen freien Chi-Fluss .Durch ständige Anforderungen im Alltag kann die aufsteigende Energie der Leber zu wenig kontrolliert werden: Die Energie steigt hoch und führt z.B. zu Kopfschmerzen oder Migräne, Schwindelgefühl, Verspannungen im Schulter-/Nackenbereich. Die Leber steht für das Speichern, Entgiften, Verteilen,

langfristiges Planen, Kreativität, Visionen, das Selbst kreativ zum Ausdruck bringen. Frustration und exzessives Verhalten schwächen sie am stärksten.

Wichtig für sie ist die Verwirklichung des Lebensplanes, Strategien zu verfolgen, physische Leistungsfähigkeit, die geballte Energie (Zorn) freizulassen.

GALLENBLASE

Die Gallenblase regiert die Körperseiten. Zusammen mit dem Magen- und Blasenmeridian ist der Gallenblasenmeridian zuständig für die Aufrichtung des Menschen.

Die Gallenblase stellt den reibungslosen Fluss des Leber-Chi sicher und verfügt über große Klarheit und Unvoreingenommenheit. Während die Leber eher längerfristig plant, entscheidet die Gallenblase über kurzfristige Fragen. Sie ist insofern mehr Feldherr als General. Diese Entscheidungen brauchen immer auch Mut, dieser wiederum wird uns von einer ausgeglichenen Gallenblase verliehen. Wenn sie gestört ist, entsteht Muskelsteife oder Hypermobilität.

Wichtig für sie ist:Verantwortung, Richtung, Kontrolle und Unvoreingenommenheit als Grundlage zum Urteilsvermögen

Die Gesichtsmerkmale des Holzelements

Das Gesicht des Holztypen zeigt sich in einer rechteckigen Gesichtsform mit prägnanten Augenbrauen und einem starken Unterkiefer. Auffällig ist sein großer, sehniger, athletischer oder auch kleiner und kräftiger Körperbau.

Die Gesichtsmerkmale des Holztypen genauer betrachtet

Die Augenbrauen – Tatkraft

Vitaler Ausdruck der Leber-Energie sind die Augenbrauen. Je dichter ihr Wuchs, desto größer sind Kraft und Leidenschaft, mit denen sich jemand den Herausforderungen der Welt stellt. Man könnte auch sagen, dass die Haarmenge zeigt, wie viele Einzelheiten der Mensch gleichzeitig bewältigen kann.
Volle Augenbrauen drücken auch immer eine Liebe zur Natur aus, weshalb ein Spaziergang in der freien, grünen Natur ein ideales Heilmittel besonders für Holzmenschen ist.

Dicke buschige Augenbrauen

Sie sind ein Zeichen für gute intellektuelle Fähigkeiten, Begeisterung und Triebkraft. Menschen mit buschigen Augenbrauen setzen sich leidenschaftlich für eine Sache oder Person ein. Es ist für sie eine Herausforderung, diese Leidenschaft und Gefühlstiefe unter Kontrolle zu halten

Dünne Augenbrauen

Sprechen für gute Konzentration, wenn sie auf eine Sache oder Projekt gerichtet ist. Sie sind eher scheu und machen sich u.U. zu viel Sorgen, was die Anderen über sie denken.

Wilde Augenbrauen

Wilde Ideen, ungewöhnliche Kreativität (z.B. Albert Einstein).

Abnehmende Augenbrauen

Die Haare stehen am Anfang dicht und werden dann spärlicher, was darauf hinweist, dass derjenige spontan ist und begeistert Projekte in Gang setzten kann. Dauert es zu lange, verliert er das Interesse.

Zunehmende Augenbrauen

Die spärlichen Haare neben der Nase werden zu den Ohren hin immer dichter, was auf einen Blick fürs Detail hinweist. Es besteht die Gefahr, dass sie wegen ihres Perfektionismus unter Umständen nur schwer ins Tun kommen

Gerade Augenbrauen

Menschen mit geraden Augenbrauen kümmern sich um jede Einzelheit. Sie sind ein gutes Teammitglied, denken wie geschmiert. Kommt ihnen eine Idee, feilen sie diese zurecht und haben alle wichtigen Details im Auge. Sie handeln besonnen und ziehen Dinge in ihrem eigenen Tempo durch.

Geschwungene Augenbrauen

Diese gleichen einem Stück eines Kreises, was auf Verständnis und eine praktische Veranlagung hinweist. Ebenso ist die Sensibilität ausgeprägt, was denjenigen spüren lässt, was im anderen vorgeht. Bei Überforderung kann sich kurzfristig die Dramaqueen zeigen.

Dünn und geschwungen

Diese Augenbrauen deuten auf Erfolg, wenn es sich um überschaubare Projekt handelt. Außerdem legen diese Menschen in Beziehungen großen Wert auf Romantik und Gefühl.

Abgewinkelte, eckige Augenbrauen

Diese Augen sprechen für Führungsqualität. Solche Menschen bleiben in einem Gespräch meist sachlich. Sie fragen sich: „Was habe ich von diesem Gespräch?“, „Verliere ich mit diesem Typ meine Zeit?“ oder „Was will ich erreichen und wie bekomme ich es?“.
Wenn nötig, ändert er die Richtung des Gesprächs, außerdem liebt er die Konfrontation. Gut für Manager, Moderatoren und Nachrichtensprecher

Kurze Augenbrauen

Diese Augenbrauen spiegeln eine ausgeprägte Sensibilität, Hilfsbereitschaft und Ordnungssinn wieder. Um Hilfe zu bitten, fällt ihnen aus zwei Gründen schwer.

Zum einen wollen sie dem Anderen nichts schuldig bleiben und zum anderen möchten sie nicht darum bitten, sondern das Umfeld soll „ahnen“, was sie gerade brauchen. Daraus kann sich das Gefühl von Enttäuschung und „ausgenützt werden“ entstehen.

Nach außen auslaufende Augenbrauen

Sie lassen eine starke Neugierde erkennen, man könnte sagen, dass es nichts gibt, was denjenigen nicht interessiert. Dadurch fällt es diesen Menschen oftmals schwer, sich auf ein Thema zu konzentrieren. Sie haben eine gute Allgemeinbildung und können über die verschiedensten Themen reden. Oftmals zeigt sich, dass diese Menschen Angst haben, Fehler zu machen oder zurückgewiesen zu werden, wenn sie andere um Hilfe bitten

Zusammengewachsene Augenbrauen

Durch Zupfen der Augenbrauen ist dieses Merkmal kaum noch sichtbar. Träger dieser Augenbrauen verspüren eine große Ungeduld. Um diese explosive Kraft in eine konstruktive Richtung zu bringen, ist es ratsam, sich humanitären Aufgaben zu widmen, um seinen inneren Frieden zu erfahren.

Weit auseinanderliegende Augenbrauen

Ihre Stärke ist die Toleranz, was sie dazu befähigt, mit den unterschiedlichsten Persönlichkeiten zurechtzukommen. Ihre Geduld und Umgänglichkeit macht sie in der Geschäftswelt erfolgreich, denn sie können warten, weil sie wissen, dass ihre Stunde kommt.

Nah zusammen gewachsene Augenbrauen

Bei diesem Zeichen ist die Geduld und Toleranz gegenüber anderen nicht ausgeprägt, ein eher rebellisches Verhalten ist angesagt. Warten gehört nicht zu ihren Stärken. Sie sind eher ungeduldig und lieben es, auf eigenen Füßen zu stehen. Kritik fassen sie eher als Kränkung auf. Sie lieben ihren Freiraum und wollen nicht ständig unter Beobachtung stehen.

Die Höhe der Augenbrauen

Die Höhe der Augenbrauen verrät etwas über die verbale Spontanität

Hochstehende Augenbrauen

Die verbale Spontanität dieser Typen ist eher schwach ausgebildet. Sie behalten ihre Ideen für sich, solange noch nicht alles durchdacht und sicher ist, dass es sich um eine gute Idee handelt. Ein wichtiges Gespräch können sie in Gedanken hervorragend durchspielen. Sie sind ihre eigenen Berater und wirken unter Umständen unnahbar (z.B. Martin Luther King), doch sind ihre Stärken Staunen, Wissbegierde und Offenheit.

Tiefstehende Augenbrauen

Ihre verbale Spontanität ist sehr stark. Sie sind spontan und verarbeiten Informationen äußerst schnell. Sie sind optimistisch und ausgesprochen ambitioniert. Kritik verarbeiten sie eher schlecht. Ihre Herausforderung in diesem Leben ist es, mehr Geduld mit den Menschen zu haben, die nicht so schnell sind wie sie. Sie fühlen sich in Berufen wohl, die Witz und Schlagfertigkeit verlangen. Sie sind am erfolgreichsten, wenn sie improvisieren, sich engagieren und ihre Ausdrucksfähigkeit nutzen dürfen (z.B. Mohammed Ali). Sie haben einen ausgeprägten Realitätssinn und eine technische-wissenschaftliche Begabung.

Mittelhoch stehende Augenbrauen

Für sie ist Timing kein Problem. Sie sind flexibel. Einmal sind sie spontan, ein anderes Mal denken sie es vorher durch. Ihre Herausforderung ist es, mit dem Rest der Welt tolerant umzugehen.

Brauenwulst

Dabei handelt es sich um eine Verdickung über den Augenbrauen, die praktisch nur bei Männern vorkommt, weil sie vom Testosteron erzeugt werden. Allgemein lässt sich sagen, dass ein Mann umso dominanter ist oder sein möchte, je stärker sich seine Brauen vorwölben. Es bedeutet aber auch, dass er gegen Autoritäten oder

Vorschriften automatisch aufbegehrt. Seine Devise ist: “Ich sage, wo es langgeht!“

Brauenwulst mit Vertiefung

Weist der Brauenwulst in der Mitte eine leichte Vertiefung auf, hasst er es immer noch, wenn ihm Vorschriften gemacht wird, doch wenn sie freundlich gebeten werden, sind sie durchaus bereit dazu. Wenn sie selbst andere führen, verlassen sie sich auf ihre Autorität, ohne autoritär sein zu müssen.

Kiefer

Der Kiefer ist wie der Stamm eines Baumes und verrät uns etwas über die Standfestigkeit und das Durchhaltevermögen,des Menschen. Je breiter der Kiefer, desto stärker ist diese Kraft.

Ausgeprägter Kiefer

Menschen mit einem ausgeprägten Kiefer sind von ihrem Standpunkt überzeugt, haben eine hohe Moralvorstellung und starke Durchsetzungskraft und kämpfen für ihre Überzeugungen. Menschen mit einem breitem Kiefer fällt es schwer, sich zu binden, wenn sie sich aber dafür entschlossen haben, sind sie meist lebenslang treu. Sie haben eine starke Durchführungsenergie und Durchsetzungskraft.

Schmaler Kiefer

Menschen mit schmalem Kiefer sind in der Konfrontation bzw. im Konflikt nicht so ausdauernd und sollten schnell das Gespräch suchen oder sich zurückziehen. Es besteht sonst die Gefahr, sich selbst aufzugeben und die eigenen Bedürfnisse zurückzustellen.

Durchschnittlich breite Kiefer

Menschen mit solch einer Kieferform können gut Bindungen eingehen. Es geht ihnen weniger darum, Konflikten aus dem Weg zu gehen, sondern darum, die Dinge am Laufen zu halten. Sie sind lösungsorientiert und in Konfliktsituationen mit anderen Menschen können sie schon mal ungeduldig werden, wenn keiner der Beteiligten sich auf die zügige Zielerreichung konzentriert.

Selbst-Test: Die Gesichtsmerkmale des Holzelements

Starke Zeichen des Holzelements sind:

- ❍ Die Gesichtsform ist rechteckig.
- ❍ Hervorstehender Brauenknochen
- ❍ Starke Augenbrauen
- ❍ Markante Kieferknochen

Die Augenbrauen - Tatkraft

❍ **Dicke, buschige Augenbrauen**
Leidenschaftlich, "ganz oder gar nicht", Begeisterungsfähigkeit, Eifersucht.

❍ **Dünne Augenbrauen**
Konzentration auf eine Sache, Unsicherheit.

❍ **Wilde Augenbrauen**
Wilde Ideen, ungewöhnliche Kreativität z.B. Albert Einstein.

❍ **Abnehmende Augenbrauen**
Spontan, können gut begeistern, keine große Ausdauer.

❍ **Zunehmende Augenbrauen**
Blick fürs Detail, Perfektionismus, kommen schwer ins Tun.

❍ **Gerade Augenbrauen**
Kümmern sich um jede Einzelheit, gutes Teammitglied, handeln besonnen in ihrem eigenen Tempo.

- **Geschwungene Augenbrauen**
  Verständnisvoll, praktische Veranlagung, große Sensibilität, Dramaqueen.

- **Dünn und geschwungen**
  Erfolgreich in einem einzelnen Projekt, romantische, gefühlvolle veranlagt

- **Abgewinkelte, eckige Augenbrauen**
  Führungsqualität, sachlich, gewinn- und erfolgsorientiert.

- **Kurze Augenbrauen**
  Sensibel, ordentlich und hilfsbereit. Um Hilfe zu bitten, fällt ihnen schwer.

- **Nach außen auslaufende Augenbrauen**
  Neugierig, Konzentrationsschwäche, Angst, Fehler zu machen oder zurückgewiesen zu werden, wenn sie andere um Hilfe bitten.

- **Zusammengewachsene Augenbrauen**
  Explosive Kraft, große Ungeduld, humanitären Aufgaben helfen diesen Menschen, ihre Energie in kreative Bahnen zu lenken.

- **Weit auseinanderliegende Augenbrauen**
  Tolerant, geduldig.

- **Nahe zusammenliegende Augenbrauen**
  Rebellisch, ungeduldig, Kritik = Kränkung, unabhängig, brauchen ihren Freiraum.

- **Die Höhe der Augenbrauen**
  Die Höhe der Augenbrauen verrät etwas über die verbale Spontanität, also auch über die Schlagfertigkeit oder den Wortwitz.

- **Hohe Augenbrauen**
  Beobachter, sein eigener Berater, Ideen werden erst nach gründlichen Überlegungen preisgegeben, Staunen, Wissbegierde, Offenheit.

- **Tiefe Augenbrauen**
  Der Kumpeltyp, spontan, verarbeitet Informationen sehr schnell, Realitätssinn, technisch-wissenschaftliche Begabung.

- **Mittelhohe Augenbrauen**
  Gutes Timing, flexibel, spontan, u.U. intolerant.

- **Brauenwulst**
  "Ich sage, wo es langgeht!"

- **Brauenwulst mit Vertiefung**
  Gute Führungspersönlichkeit, hasst Vorschriften, wenn er freundlich gebeten wird, ist er bereit dazu.

Kiefer - Standfestigkeit und Durchhaltevermögen

❍ **Ausgeprägter Kiefer**
Starke Durchführungsenergie und Durchsetzungskraft.

❍ **Schmaler Kiefer**
Zurückgenommene Durchführungsenergie.

❍ **Durchschnittlich breiter Kiefer**
Harmonische Durchführungsenergie und Durchsetzungskraft, ausgleichend, u.U. intolerant.

Was bedeutet das für mich?

....

....

....

....

....

....

Der Feuer-Typ

Das Wesen des Feuerelementes

Dieses Element verkörpert im Leben des Menschen die Zeit der Jugend. So wie der Sommer ist das Feuer trocken, voller Kraft und heiß aufsteigend. Deshalb steht es für Aktivität und pure Lebenskraft, aber auch generell für die geistige Erweiterung des Menschen und für Spiritualität im weitesten Sinne. Die entsprechende Farbe ist Rot, die zugeordneten Organe sind das Herz, der Dünndarm, die Zunge und die Blutgefäße.

Menschen mit starker Feuer-Energie sind lustig, lebhaft, charmant, niedlich und verspielt Sie können so ausdrucksstark und wandelbar bar sein wie ihr Augenausdruck.

Feuer-Menschen können, wie das Feuer, nicht allein existieren, sie brauchen zum leben Liebe und Zuneigung wie das Feuer, den Sauerstoff. Sie lieben intensive Gefühle und haben deshalb einen Hang zum Dramatischen. Sie fühlen sich für die Freude des Umfelds verantwortlich und sie lieben es zu flirten. Nicht aus sexuellen Absichten, sondern weil es für sie ganz natürlich ist, mit allem zu flirten, gleich ob es Menschen, Tiere, Blumen oder auch Bäume sind. Da sie Veränderungen lieben, wird die Wohnung ständig umgestellt. Außerdem lieben sie Übertreibungen und das Anderssein, was sich häufig durch auffallende Kleidung bemerkbar macht. Sie können Dinge tragen, die anderen Menschen nicht zu Gesicht stehen. Feuer-Menschen reden gerne, was auch zum Geschnatter werden kann. Ihr zugehöriges Sinnesorgan ist die Zunge, weshalb der Spruch „Das Herz auf der Zunge tragen" wunderbar zu ihnen passt.

Organe und Organsysteme, die dem Feuer-Element zugeordnet werden

Das Herz

Das Herz wird in China als „Kaiser des Körpers" bezeichnet. Es ist die Quelle unserer Lebensenergie. Der Tod tritt ein, wenn unser Herz aufhört zu schlagen. Alles, was wir fühlen, geht mit einem veränderten Herzschlag einher. Sind wir aufgeregt, schlägt unser Herz schneller und kräftiger, was wir alle kennen, wenn wir verliebt sind und wir dem Angebeteten oder der Angebeteten begegnen. Somit ist das Herz das Barometer der Gefühle, was sich in vielen Sprichwörtern wie „seinem Herzen Luft machen", „auf sein Herz hören", „aus dem Herzen sprechen" oder auch „aus seinem Herzen keine Mördergrube machen" widerspiegelt. Bei den Chinesen heißt es, dass das Feuer-Element über Kommunikationsformen, vor allem über das gesprochene Wort und die Zeichensprache der Hände herrscht. Da das Herz den Gesichtsausdruck kontrolliert, lässt sich aus den Falten ablesen, wie viel Gefühl im Laufe der Zeit in einem Gesicht ausgedrückt wurde. Wird das Feuer-Element übermäßig beansprucht, kommt es zur körperlichen Erschöpfung, wird es zu stark kontrolliert (was weitaus schädlicher ist), dann kommt es zum Verlust der Lebensfreude, welche zu den Grundbedürfnissen eines Menschen zählt.

Der Dünndarm

Die Aufgabe des Dünndarms ist die Absorption und Assimilation, d.h es wandelt körperfremdes Material (Essen) in körpereigene Energie um, so dass Fremdes zu Eigenem wird. Der Dünndarm wird in der Astrologie der Jungfrau zugeordnet und steht für das Analysieren. Ihre Fähigkeit ist es, das Brauchbare vom Unbrauchbaren auszusortieren. Ist die Dünndarmenergie gestört, kann es zu unerwünschten Gefühlen kommen, die nicht angenommen werden.

Die Gesichtsmerkmale des Feuerelements

Die Stärke des Feuer-Elements zeigt sich in den großen, funkelnden Augen und in jeder Gesichtsfalte, da das Herz den Gesichtsausdruck kontrolliert. Die Stärke und Vielfalt der Falten im Gesicht zeigen die gelebten Gefühle und die Erfahrungen, die sie im Laufe ihres bisherigen Lebens gemacht haben.
Die Gesichtsform ist oval. Das Feuergesicht weist meist ein Grübchen auf und Sommersprossen. Bei Männern mit viel Feuerenergie hat das viele Holz die Haare abgebrannt, d.h. sie haben eine Glatze.

Die ovale Gesichtsform, das Gesichtsgrübchen, die spitzen Formen und vor allem die großen, funkenden Augen sind kennzeichnend für Feuer-Menschen. Der Blick in unsere Augen lässt uns in die Tiefe der Seele eines Menschen blicken. Weshalb die Aufforderung der Erwachsenen "Schau dem Menschen in die Augen, wenn du ihm die Hand gibst!", besonders für Feuer-Kinder, die sehr feinfühlig und sensibel sind, zu intensiv ist und damit unerträglich. Die Liebe, die Feuer-Menschen bedingungslos schenken, ist ihre wahre Stärke. Doch leider haben wir noch nicht gelernt, dieses Geschenk freudig anzunehmen. Wir sind oftmals überfordert und reagieren eher mit Ablehnung und Abwertung. Die große Neugierde und Begeisterungsfähigkeit bringt meistens Feuer-Kinder besonders in der Schule in Schwierigkeiten. Feuer-Menschen haben die große Gabe, Freude zu verbreiten, wenn man ihnen dafür die Bühne lässt. Sie wollen lieben und geliebt werden. Werden sie kritisiert oder erhalten sie nicht genügend Zuspruch, erlischt das Feuer in ihren Augen oder es brennt auf Sparflamme, was sehr schade für uns alle ist. Feuer-Menschen haben mit ihrer kreativen, quirligen, spielerischen Art so viel an Lebensfreude und Begeisterung zu geben. Sie lieben die Bühne, sie lieben das Spiel, sie lieben das Leben und sie lieben die Veränderung.

Die Augen

Das auffälligste Vitalzeichen der Feuerenergie sind die Augen. Sie sind das Fenster zur Seele und strahlen SHEN (Lebensfreude) aus. Ihr Leuchten lässt die rege Geistigkeit und kleinste Gefühlsschwankungen erkennen, d.h. sie lassen uns in das Herz schauen, offenbaren uns die Geheimnisse. Je offener die Augen, desto offener das Herz.

Wer kennt nicht das Gesicht eines Kindes, das uns neugierig und erwartungsvoll mit seinen kugelrunden Augen ansieht. Je offener die Augen, desto intensiver reagieren wir auf unterschiedliche Einflüsse, desto lebendiger fühlen wir uns. Emotionaler Schmerz bewirkt, dass der Verstand die Kontrolle übernimmt, sich die Augen zunehmend schließen und das Feuer darin erlischt.

Große Augen

Menschen mit großen Augen haben eine große Gefühlstiefe und meist in der Kindheit viel Aufmerksamkeit und Liebe erfahren. Ihnen fällt es oftmals schwer, ihre starken Gefühle zu kontrollieren. Ihre Gefühle sind kurzlebig und verändern sich schnell und sie nehmen Emotionen von Anderen schnell in sich auf. Sie sind in der Öffentlichkeit spontan und herzlich. Wird dieses nicht erwidert, sind sie enttäuscht.

Menschen mit großen Augen sind offen und neugierig. Ihr Wissensdurst und ihre Verletzbarkeit ist groß. Was sie wirklich brauchen, ist Kommunikation.

Kleine Augen

Menschen mit kleinen Augen können ihre Gefühle besser kontrollieren. Die Chinesen sagen dazu, das kleine Augen die Feuerenergie in einem kleinen Energiestrom zum Gehirn leiten und somit die Gefühle besser kontrollieren können als Menschen mit großen Augen. Im Kopf von kleinen Augen geht es entsprechend lebhaft zu, weil sie ständig planen und kalkulieren. Sie sind eher introvertiert und mögen es nicht, ihre Gefühle öffentlich zur Schau zu stellen. Sie halten sich auch außerhalb ihrer Privatsphäre eher zurück, sind meist vorsichtig. Diskretion ist ihnen daher wichtig. Im Geschäftsleben sind sie aufgrund ihrer Ungeduld und Neugier sehr ambitioniert und erfolgreich. Den gleichen Erfolg in Beziehungen zu erzielen ist nicht immer ganz so einfach für sie, da sie im zwischenmenschlichen Bereich eher zurückhaltend bis verschlossen sind.

Unteres Augenlid

Die Kurve der unteren Augenlider d.h. wie stark sie gebogen ist, verrät uns, wie emotional derjenige auf Menschen zugeht.

Rund

Je runder das untere Augenlid ist, desto offener sind diese Menschen anderen gegenüber. Dadurch kann die Gefahr der Leichtgläubigkeit entstehen.

Gerade

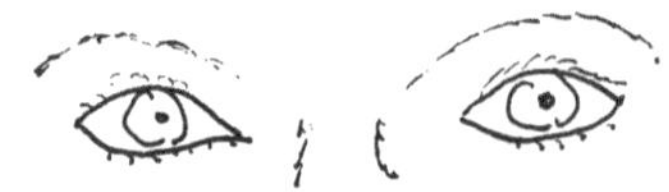

Menschen mit geraden unteren Augenlidern können Fremde gut und schnell richtig einschätzen. Sie geben sich gar nicht erst mit ihnen ab, wenn es sich nicht lohnt. Dadurch besteht die Gefahr, dass sie ein zu schnelles Urteil fällen.

Menschen mit leicht gekrümmten unteren Augenlidern haben gelernt, sich zu schützen. Sie sind anfangs zurückhaltend, jedoch offen für Fremde.

Lidpolster

Obere Lidpolster bilden sich dann, wenn wir uns selbst vernachlässigen, weil wir es anderen Menschen recht machen wollen. Besonders beruflich ehrgeizige Menschen haben Lidpolster. Durch die ständige Überanstrengung sind sie dann oftmals schnell reizbar.

Wimpern

Wir haben oben ungefähr 150 und unten 50 Wimpern,deren durchschnittliche Lebenszeit vier Monate beträgt.Wimpern werden auch als empfindlichen Sonden bezeichnet

Dicke, schön geschwungene Wimpern
empfinden wir als schön und zeigen Lebenslust und Gebärfreudigkeit an,was früher auf das Gleiche hinaus lief.

Lange Wimpern
gehören zu feinfühlig, empfindsamen und schreckhaften Menschen

kurze Wimpern
gehören meist zu starken, kräftigen Menschen mit einer ausgeprägten Willensstärke, was sich bis zur Sturheit steigern kann. Sind sie schlecht gelaunt, reagieren sie oftmals aufbrausend. Weder das Loslassen, noch das Verzeihen sind ihre Stärken.

spärlich dünne Wimpern
verraten eine seelische Überforderung und ungelöste innere Konflikte

Der Abstand zwischen den Augen

Eng

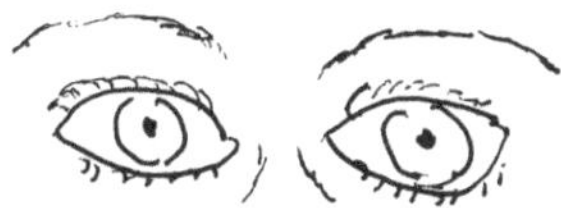

Menschen mit eng nebeneinanderstehenden Augen sind fokussiert und analytisch, können sich also gut konzentrieren, besonders auf Details. Es bereitet ihnen eher Mühe, von ihrem Standpunkt abzuweichen, was auch zu übertriebener Kritik führen kann. Wiederum ist ihre Beobachtungsgabe so stark ausgeprägt, dass sie kleine Fehler sofort erkennen. Ihr Wunsch ist es, konzentriert bei einer Sache zu bleiben und den Dingen auf den Grund zu gehen.

Weit

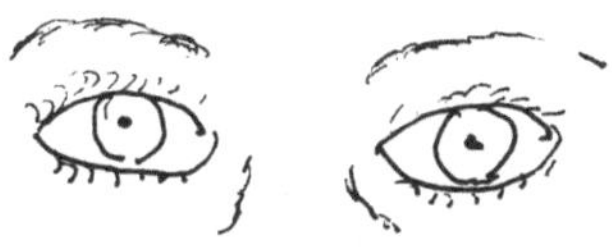

Menschen, deren Augen weiter auseinanderstehen, sind „weitsichtig“, d.h. sie haben den Blick für die großen Zusammenhänge, Details langweilen sie eher. Sie sind anpassungsfähig, tolerant und flexibel. Sie übernehmen gern Vorreiterrollen und sind meist romantisch, manchmal auch etwas nachlässig und zerstreut.
Ihr Wunsch ist es, über den Tellerrand hinaus zu schauen und sich einen breiten Überblick zu verschaffen.

Die Augenhöhle

Die Augehöhle ist am besten im Profil erkennbar. Sie enthüllt, wie engagiert Menschen im Gespräch sind.

Tiefliegende Augenhöhle
Menschen mit tiefliegenden Augenhöhlen sind nachdenklich und reserviert, in Unterhaltungen zwar ungezwungen, aber eher zurückhaltend. Sie hinterfragen die Dinge und übernehmen im Gespräch erst dann die Führung, wenn sie selbst für sich genügend Bestätigung bekommen haben. Sie sind ausgesprochen gute Zuhörer.

Hervorstehende Augenhöhle („Glupschaugen“)
Menschen, deren Augen hervorstehende wirken, sind voll engagiert und sollten nicht aufgehalten werden. Sie fühlen sich verletzt, wenn sie sich nicht integriert und akzeptiert fühlen. Ihr Mitteilungsbedürfnis ist stark ausgeprägt.

Innen tiefliegende Augen

Menschen mit innen tiefliegenden Augen sind optimistisch und haben den Blick für günstige Gelegenheiten. Sie sind neugierig, lassen sich gern inspirieren und erwarten, dass sich die Dinge für sie positiv entwickeln, was sie ihre Ziele leichter erreichen lässt. Ihre Stärken sind Strategie, Systematik und Taktik.

Außen tiefliegende Augen

Solche Menschen sind mitfühlend und der Kummerkasten der Nation. Die Taoisten sagen, dass diese Menschen ein Segen für ihr Umfeld sind. Für sie ist es immer wieder wichtig, auch an sich selbst zu denken und sich nicht zu schnell entmutigen zu lassen.

Breite, gewölbte Fläche zwischen Augenbrauen und Auge

Diese Menschen haben sich dem Wort verschrieben und reden gerne und viel. Sie können weit formulieren, haben eine blumig-differenzierte Sprache und verfügen über einen großen Wortschatz.

Wenig Fläche zwischen Augenbraue und Auge

Solche Menschen verfügen über eine direkte, schnörkellose Sprache.

Selbst-Test: Die Gesichtsmerkmale des Feuerelements

Starke Zeichen des Metall-Elements sind:

- ❍ Ovale Gesichtsform
- ❍ Große, funkelnde Augen
- ❍ Gesichtsgrübchen
- ❍ Spitze Merkmale
- ❍ Sommersprossen
- ❍ Glatze
- ❍ Unregelmäßiger Haaransatz

Die Augen = Fenster zur Seele

❍ **Große Augen**
Offenheit, Neugier, Wissensdurst, Verletzbarkeit, brauchen Kommunikation.

❍ **Kleine Augen**
Verschlossenheit, Zurückhaltung, Diskretion.

❍ **Unteres Augenlid**
Wie gehe ich auf Menschen zu?

❍ **Rund**
Offenheit, Leichtgläubigkeit.

❍ **Gerade**
Können Fremde gut und schnell richtig einschätzen, fällen manchmal zu schnelles Urteil.

❍ **Moderat**
Anfangs zurückhaltend, dann jedoch offen.

❍ **Lidpolster**
Sich selbst vernachlässigen, wollen es Anderen recht machen, schnell reizbar.

❍ **Wimpern.**
Je feiner die Wimpern sind, desto feinfühliger. Lange Wimpern sind romantisch.

Der Abstand zwischen den Augen

❍ **Eng**
Den Dingen auf den Grund gehen, Konzentration auf eine Sache.

❍ **Weit**
Über den Tellerrand schauen, sich breiten Überblick verschaffen.

❍ **Die Augenhöhle**
Im Profil erkennbar. Sie enthüllt, wie engagiert Menschen im Gespräch sind.

❍ **Tiefliegende Augenhöhle**
Verinnerlichen, gute Zuhörer.

❍ **Hervorstehende Augenhöhle („Glupschaugen")**
Voll engagiert, Mitteilungsbedürfnis.

❍ **Innen tiefliegende Augen**
Strategie, Systematik, Taktik.

❍ **Außen tiefliegende Augen**
Wohlwollen, Gutmütigkeit.

❍ **Breit, gewölbte Fläche zwischen Augenbrauen und Auge**
Wort und Redesinn.

❍ **Wenig Fläche zwischen Augenbraue und Auge**
Direkte, schnörkellose Sprache.

Was bedeutet das für mich?

....

....

....

....

....

....

....

....

Der Erd-Typ

Das Wesen des Erdelements

Die Erde ist unser Zuhause. Wir leben auf einem Planeten voller Überfluss und erstaunlichen natürlichen Reserven. Die Indianer nennen sie die „Mutter Erde", die uns beschützt und nährt, und genau das sind die Grundbedürfnisse bzw. die Aufgaben, die ein erdbetonter Mensch erfüllen will. Die Erdenergie verleiht uns die Fähigkeit zur Aufnahme, Umwandlung und Weitergabe von Nahrung. Alles, was uns unterstützt, nährt, beruhigt und Trost spendet, kann „Erde" sein. Die zentralste Bedeutung des Erdelementes ist also das Nähren. In jungen Jahren verkörpert dies meist unsere Mutter, durch die wärmende und wohlwollende Präsenz. Im späteren Leben übernehmen andere Menschen, Tätigkeiten oder Dinge diese Aufgabe.

Die Organe des Erdelementes sind zuständig für das Empfangen, Umwandeln und Weitergeben von Nahrung auf physischer, emotionaler und geistiger Ebene. In der TCM (Traditionellen chinesischen Medizin) geht man davon aus, dass wir bei einer fließenden Erdorganenergie des Magens, der Milz und des Pankreas (Bauchspeicheldrüse) gesund sind. Ist unser Erdelement ausgeglichen, können wir uns selbst nähren und Trost und Unterstützung wunderbar weitergeben. Der Reichtum der Erde beeinflusst weiteres Wachstum, indem sie fruchtbaren Boden für die Aussaat bereitstellt und damit den Keimlingen die Reifung ermöglicht.
Sind die erdhaften Anteile in uns nicht ausgeglichen, tendieren wir entweder zu ständiger Fürsorge für andere („Helfersyndrom") oder zu kaltem, rücksichtslosem Verhalten anderen Menschen gegenüber.

Organe und Organsysteme, die dem Erd-Element zugeordnet werden

Die Milz

Die Milz ist die Quelle des Nahrungs-Ki (Lebensenergie). Sie wandelt die Nahrung zu Ki (CHI/Lebensenergie), in Blut und Säfte um. Ihr ist in der TCM (Traditionelle Chinesische Medizin) der gesamte Verdauungsprozess unterstellt. Die Milz beherrscht Transport und Umwandlung, d.h. die Milz ist zuständig für den Stoffwechsel, für die Umwandlung körperfremder Stoffe in ein körpereigenes Substrat. Findet diese Umwandlung nicht korrekt statt, kommt es zu Stagnation und damit zur Ansammlung von nicht gewünschten Stoffen (Schleim, Feuchtigkeit, toxische Hitze). All diese Prozesse der Trennung und der Verfeinerung stehen unter der Kontrolle der Milz. Daraus geht die Wichtigkeit der Milz bei der Produktion von Chi und Blut hervor.
Die Milz liebt die Trockenheit: Durch die übermäßige Einnahme feuchter, befeuchtender und kühlender Mittel, wie z.B. Milchprodukte, kann die Milz geschwächt werden. Der Magen dagegen liebt die Feuchtigkeit.
Die Kunst besteht darin, den Magen ausreichend zu schmieren und dabei die Milz nicht zu ersticken! Getreide und Gemüse bieten dafür die optimale Grundlage.
Kann die Nahrung durch beeinträchtigte Milzfunktionen nicht ausreichend verdaut werden, fehlt uns eine wichtige Energiequelle. Dies gilt auch für Erfahrungen, die wir machen. Können diese nicht ausreichend in unseren Organismus integriert werden, beschäftigen sie uns ständig weiter: Wir grübeln und können nicht aufhören zu denken.

So kann auch im Gegenzug eine übermäßige und zu strenge intellektuelle Arbeit zu einer Überbeanspruchung der Milz führen.

Der Magen

Der Magen dient als Aufbewahrungsort für alles Geschluckte. Durch seine Eichelform erinnert er an einen Mond, der wiederum für die weibliche Energie steht. Denken wir z.B. an den 28 Tage-Zyklus des Mondes mit 14 Tagen zunehmendem Mond bis zum Vollmond und dem anschließenden 14 Tagen abnehmendem Mond bis zum Neumond, und setzen im Vergleich dazu den weiblichen, 28-tägigen hormonellen Zyklus einer Frau. Außerdem gehört zur weiblichen Energie das Fühlen, was wiederum in Sprichwörtern wie „Liebe geht durch den Magen“ oder “Etwas schlägt mir auf den Magen“ zum Ausdruck kommt. Die männliche Energie kommt eher durch die Tätigkeit der Magensäure zum Ausdruck, die notwendig ist, um den Speisebrei aufzuspalten. Auch hier gibt es viele Sprichwörter, die uns auf bestimmte Emotionen im Zusammenhang mit dem Magen deuten wie „Ich bin sauer“ oder „Mir stößt etwas sauer auf“. Über den Magen versuchen wir auch manchmal, unsere Bedürfnisse nach Wärme, Geborgenheit und Entspannung zu bekommen, indem wir zum Frustesser werden.
Bei einer gestörten Magenenergie macht derjenige sich ständig Sorgen, besonders um seine Lieben. Typischer Ausspruch: “Ich kann erst glücklich sein, wenn es Euch allen gut geht“:

Die Bauchspeicheldrüse (Pankreas)

Die Bauchspeicheldrüse ist etwa 15 - 20 Zentimeter groß und liegt im Oberbauch zwischen Magen, Milz und Leber. Man unterteilt das Organ in Pankreaskopf, Pankreaskörper und Pankreasschwanz. Rein optisch sieht die Bauchspeicheldrüse zwar aus wie ein einheitliches Organ, sie besteht allerdings aus sehr unterschiedlichen Zellen mit völlig verschiedenen Funktionen.

Der Großteil der Bauchspeicheldrüse besteht aus mehreren tausend, locker zusammengefügten Läppchen. Diese enthalten Drüsenzellen, die pro Tag etwa anderthalb Liter Verdauungssaft produzieren und ihn direkt in den oberen Dünndarm (Zwölffingerdarm) abgeben. Das Verdauungssekret enthält zum Beispiel Enzyme, die Fette, Eiweiße und Kohlenhydrate aus dem Essen spalten können. Eine Entzündung der Bauchspeicheldrüse verursacht heftige Schmerzen und Übelkeit, die Verdauung ist gestört.

Etwa zwei Prozent der Zellen in der Bauchspeicheldrüse haben eine andere Funktion: Sie produzieren Hormone. Diese werden nicht in den Darm, sondern direkt ins Blut abgegeben. Das bekannteste Hormon ist das Insulin. Gemeinsam mit dem ebenfalls im Pankreas gebildeten Glucagon reguliert Insulin den Blutzuckerspiegel.

Die Bauchspeicheldrüse produziert mehr als 20 verschiedene Verdauungsenzyme, die die Nahrung in kleinste Bausteine zerlegen. Nur so können sie aus dem Darm ins Blut aufgenommen werden. Diese Enzyme werden aber erst nach Erreichen des Zwölffingerdarms so umgebaut, dass sie ihre Aufgabe wahrnehmen können. Damit wird verhindert, dass diese Enzyme die Bauchspeicheldrüse selbst verdauen.

Die drei wichtigsten Enzyme der Bauchspeicheldrüse heißen:

- Amylase (Kohlenhydratverdauung)
- Trypsin (Eiweißverdauung)
- Lipase (Fettverdauung)

Die Zerlegung der Nahrungsbestandteile in kleinste Stücke ist notwendig, damit der Körper diese über den Darm aufnehmen kann.

Die symbolische Bedeutung von Krieg und Frieden kommt durch die Sprengstoffproduktion für die Nahrungszerlegung (Krieg) und die insulinproduzierenden Inselzellen, die für den süßen Genuss notwendig sind (Frieden) zum Ausdruck. So zeigt der Pankreas, wie wir mit der Süße des Lebens umgehen.

Die Gesichtsmerkmale des Erdelements

Das Gesichtsform des Erdtypen ist quadratisch. Selbst wenn sie körperlich fit sind, haben sie oft einen weichen, fast molligen Körper und wirken „knuddelig“. Bei eher athletisch (muskulös) gebauten Erdtypen, sind der Bizeps und die Wadenmuskeln mit dicken Muskelbäuchen ausgestattet, da die Erdenergie auch die Skelettmuskulatur kontrolliert. Erdbetonte Menschen mögen Berührungen, um ihre Zuneigung auszudrücken und zu empfangen.
Die Vitalzeichen der Erdenergie sind die vollen Lippen, ein großer Mund, fleischige Wangen, ein rundlicher Körperbau, große, bauchige Muskeln bei Männern und ein großer Busen bei Frauen.
Im Gesicht achten wir auf die Form und Größe der Lippen und der Mundwinkel.

Der Mund

Der Mund sagt uns etwas über die Art und Weise der Selbstdarstellung seines Besitzers. Es gibt unterschiedliche Wortschöpfungen, die sich auf den Mund beziehen. z.B. „Nicht auf den Mund gefallen sein", „Großmaul", Mündigkeit, „Eine aufs Maul bekommen" oder gar „Maulaffen feilhalten".

Je voller die Lippen, desto mehr können diese Menschen von sich selbst enthüllen, ohne sich unwohl zu fühlen.

Mit dem Mund nehmen wir Nahrung auf. Je größer der Mund, desto mehr will jemand haben. Das zeigt sich nicht nur beim Hunger nach Nahrung, sondern auch in den Bereichen Zuneigung und Erfahrung.

Ist der Mund groß mit vollen Lippen, dann handelt es sich eher um einen großzügigen und freigiebigen Menschen, sich selbst und anderen gegenüber.

Großer Mund

Die Erdenergie in diesen Menschen ist stark. Sie sind großzügig zu sich und anderen, lieben die Fülle des Lebens und alles, was mit Genuss zu tun hat. Sie sind extrovertiert.

Kleiner Mund

Um sich zu öffnen und Gefühle zu zeigen, brauchen sie Vertrautheit. Sie sind eher introvertiert und zurückhaltend.

Dünne Lippen

Menschen mit dünnen Lippen sind verstandesorientiert. Gefühle zu spüren und auszudrücken ist nicht ihre Stärke. Sie sind reserviert und ihr Vertrauen muss man sich erarbeiten.

Volle Lippen

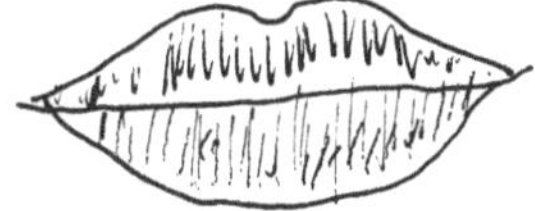

Menschen mit vollen Lippen sind großzügig, sowohl emotional als auch materiell. Sie sind sinnlich, humorvoll und gefühlvoll und wollen dies auch zum Ausdruck bringen. Weil sie alles mit viel Emotion erleben, leiden sie oftmals mehr an negativen Erlebnissen.

Volle Unterlippen

Wir sprechen von einer besonders vollen Unterlippe, wenn diese mindestens doppelt so dick ist wie die Oberlippe. Diese Menschen lieben den Genuss und die Romantik. Sinnliches Genießen ist ihnen wichtig, ob beim Essen, beim Sex, Berühren, Schmecken oder Riechen.

Volle Oberlippe

Von einer vollen Oberlippe sprechen wir, wenn sie die gleiche Fülle wie die Unterlippe aufweist. Menschen mit einer vollen Oberlippe sehnen sich nach dem intensiven Gefühlserleben. Sie sind direkt und scharfsinnig und nennen die Dinge beim Namen, wenn sie es für notwendig erachten.

Die Länge des Mundes

Die Länge des Mundes gibt Auskunft darüber, wie gern jemand vor großem Publikum (langer Mund) oder lieber vor kleinem Publikum (kurzer Mund) redet.

Sehr lange und dünne Lippen

Wird als der Millionärsmund bezeichnet, da er mit jedem über alles reden kann, solange es nicht persönlich wird. Die Worte müssen nicht im strengsten Sinne wahr sein, doch sie erreichen die ganze Gruppe von Zuhörern (z.B. George W. Bush).

Sehr lange und volle Lippen

Diese Menschen sind die geborenen Redner und haben Sinn für Humor.

Sehr kurze und dünne Lippen

Diese Lippenform wird als „private Lippen" bezeichnet. Menschen mit solchen Lippen verschweigen gerne ihre Gefühle und sind unter Umständen nachtragend und schweigsam. Wenn sie jedoch etwas sagen, dann haben ihre Worte großes Gewicht.

Sehr kurze und volle Lippen

Menschen mit kurzen, vollen Lippen sagen bereitwillig die Wahrheit, aber den interessanten Teil nur unter vier Augen.

Amorbogen

Hier hat die Oberlippe die Form eines Pfeilbogens. Menschen mit solchen Lippen sind meist liebenswürdig und nett.

Mundwinkel nach oben

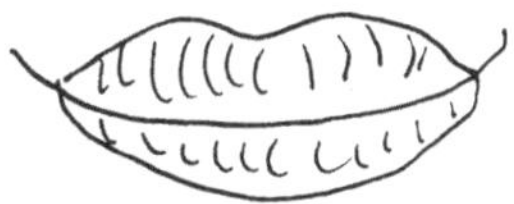

Sie sehen das Leben tendenziell positiv. Jedes Problem ist kein Problem, sondern eine Herausforderungen. Ihre Blickrichtung geht zuerst in Richtung Lösung, nicht Richtung Problem. Manchmal kann es auch sein, dass ihnen der klare Blick für die Realität fehlt.

Mundwinkel gerade

Menschen mit geraden Mundwinkeln sind objektive Zuhörer, nehmen die Dinge, wie sie sind und werten nicht.

Mundwinkel nach unten

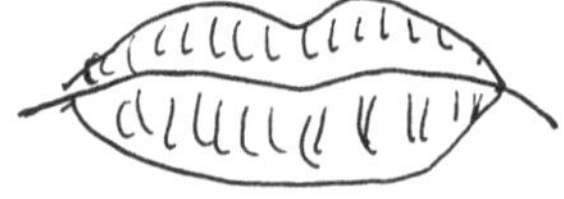

Diese Menschen erwarten aufgrund ihrer Erfahrungen eher das Negative. Ihr allgemeines Misstrauen kommt oftmals davon, dass sie sich zu sehr um Andere als um sich selbst gekümmert haben. Eine Lösung könnte sein, sich um sich selbst zu kümmern, ganz nach dem Gebot: Liebe deinen Nächsten wie dich selbst:

Selbst-Test: Die Gesichtsmerkmale des Erdelements

Starke Zeichen des Erdelements sind:

- ❍ quadratische Gesichtsform
- ❍ Großer Mund
- ❍ Volle Lippen
- ❍ Fleischige Wangen
- ❍ Rundlicher Körperbau
- ❍ Große Muskeln bei Männern
- ❍ Großer Busen bei Frauen

Der Mund = Selbstdarstellung und Genuss

❍ **Großer Mund**

Großzügig, will viel und oft genießen, extrovertiert.

❍ **Kleiner Mund**

Bescheidenheit im Genuss und Gefühlsanspruch, um sich zu öffnen, braucht er Vertrautheit, introvertiert und zurückhaltend.

❍ **Dünne Lippen**

Verstandesorientiert, Gefühle zu spüren und auszudrücken ist nicht seine Stärke.

❍ **Volle Lippen**

Gefühlsmenschen, starke Gefühlsschwankungen möglich.

- **Volle Unterlippen**
  Gefühls-und Genussanspruch wird gelebt und durchgesetzt (ich will aber).

- **Volle Oberlippe**
  Gefühlsvorstellungen werden im Geist, in der Phantasie gelebt.

- **Die Länge des Mundes**
  Sie gibt Auskunft, wie gern jemand vor großem Publikum (langer Mund) oder lieber vor kleinem Publikum (kurzer Mund) redet.

- **Sehr lange und dünne Lippen**
  Millionärsmund, reden über alles Unpersönliche, Worte müssen nicht im strengsten Sinne wahr sein.

- **Sehr lange und volle Lippen**
  Geborene Redner mit Sinn für Humor.

- **Sehr kurze und dünne Lippen**
  „Private Lippen“, verschwiegen, unter Umständen nachtragend, wenn sie etwas sagen, haben ihre Worte großes Gewicht.

- **Sehr kurze und volle Lippen**
  Sagen bereitwillig die Wahrheit, den interessanten Teil nur unter vier Augen.

- **Amorbogen**
  Qualitätsbewusst, sind meist liebenswürdig und nett, wenn die Umgangsformen korrekt sind.

- ❍ **Mundwinkel nach oben**
  Sehen das Leben tendenziell positiv. Jedes Problem ist eine Chance.

- ❍ **Mundwinkel gerade**
  Objektive Zuhörer, nehmen die Dinge, wie sie sind und werten nicht.

- ❍ **Mundwinkel nach unten**
  Erwarten negative Erfahrungen, misstrauisch, kümmern sich zu sehr um Andere.

Was bedeutet das für mich?

....

....

....

....

....

....

....

Der Metall-Typ

Das Wesen des Metallelements

Das Metallelement ist dem Herbst zugeordnet, der Zeit des Abschieds und Vorbereitung für den Winter. Um sich auf diesen vorzubereiten, braucht es Wissen und Erfahrung, ansonsten überlebt man den Winter nicht, weshalb der Metallmensch sehr häufig mit Tätigkeiten beschäftigt ist, bei denen es um Genauigkeit geht. Er ist tiefgründig, sensibel und strebt nach Perfektion. Kritik katapultiert ihn aus seiner Mitte, wobei er selbst zu messerscharfer Kritik neigt. Da er den Blick für das Wesentliche hat und mit einer inneren Weisheit ausgestattet ist, neigt er dazu, Andere zu beeinflussen und ihnen zu sagen, was richtig und falsch ist, um möglichst für alle eine perfekte Umgebung zu schaffen.Sie sind also die perfekten Anführer.

Das Metall-Element steht für Tatkraft, Entschlossenheit, Fortschrittlichkeit, Zähigkeit und einen ideellen Abstand zu den Dingen. Schon im alten China glaubte man Menschen mit einem hohen Metallanteil aufgrund ihres gesunden Ehrgeizes und Siegeswillens zu erkennen.

Traditionell wird mit dem Metall-Element die Geschäftswelt in Verbindung gebracht. Metall steht seit jeher für kühles, strategisches Denken und Taktieren im Umgang mit den Mitmenschen. Metallbedingt ist auch der rationale und durchdachte Umgang mit Geld und Investitionen mit Kalkül.

Menschen mit einem starken Metall-Element haben einen Sinn für Ordnung und finden leicht ihren eigenen Rhythmus. Ein ausgeglichenes Metall-Element strukturiert zunächst, gibt sich dann sein eigenes Tempo vor und hat dadurch die Muße und die Kraft, loszulassen und zu genießen. Ist das Metallelement bei einem Menschen sehr schwach ausgeprägt, fällt es ihm, unter Umständen schwer, eine Struktur in das eigene Leben zu bringen. Solche Menschen wirken auf ihr Umfeld oft leicht unorganisiert oder chaotisch. Sie überfordern sich oftmals mit zahlreichen Aktivitäten und haben Schwierigkeiten, die Spreu vom Weizen zu trennen.

Das Hauptorgan des Metallelements ist die Lunge. Die Luft, die wir atmen, ist verantwortlich für unsere Leichtigkeit, Fröhlichkeit, Freiheit und Heiterkeit. Wenn wir uns in einer beengenden, „ersticken-den“ Situation befinden, “müssen wir uns manchmal Luft machen“, um wieder frei durchatmen zu können. Trauer und vor allem ein Gefühl des Verlustes wiederum lassen uns gebückt durchs Leben gehen, sodass die Lunge nicht mehr gut atmen kann.

Ebenso werden auch der Dickdarm, die Haut, die Körperbehaarung und der obere Rücken dem Metallelement zugeordnet. Betrachten wir den Vorgang der Atmung genauer, so verkörpert sie unseren Kontakt mit der Außenwelt. Das Metall ist somit Grenzfläche, vor allem aber auch Kontaktfläche nach außen. Es bestimmt, was hinein darf und was hinaus soll und verkörpert somit diesen energetischen Prozess an unserer Körperoberfläche. Hierdurch hat es auch eine klärende und filternde Funktion.

Diese Abgrenzungsfähigkeit geht Hand in Hand mit unserer Abwehrkraft. Dies ist auch der Grund, warum wir nicht dann krank werden, wenn wir viele wichtige Dinge zu erledigen und viel zu arbeiten haben, sondern genau in dem Moment, in dem wir alles erledigt haben und beginnen, uns zu entspannen. In diesem Moment geben wir nämlich unsere Präsenz an der Körperoberfläche auf und verlegen unsere Energie (oder was davon noch übrig ist) wieder nach innen. Pathogene Keime können sich jetzt frei entfalten.

Organe und Organsysteme, die dem Metall-Element zugeordnet werden

Die Lunge

Die Lunge steht für Kontakt, Kommunikation, Freiheit, Austausch, Geben und Nehmen. In dem Moment, in dem wir atmen, stehen wir im Kontakt mit unseren Mitmenschen. Wir nehmen (Einatmen) und geben (Ausatmen) mit jedem Atemzug. Der Atem gilt als Nabelschnur zum Leben. Wir sind mit allen Lebewesen über das Atmen verbunden, da wir alle dieselbe Luft atmen. Die Lungenflügel lassen uns frei durchatmen und verleihen uns Freiheit und Leichtigkeit

Der Dickdarm

Er ist das emotionale Hirn des Menschen. Die Hauptaufgabe des Dickdarms ist es, nicht mehr Benötigtes auszuscheiden, auf körperlicher und im übertragenen Sinn, auch auf der emotionaler und psychischer Ebene. Durch dieses „Loslassen“ wird Raum für Neues geschaffen. Der Darm mit seinen zahlreichen Falten und kleinen Ausstülpungen nimmt eine 100-mal größere Oberfläche als unsere Haut ein. Er besitzt zudem ein eigenes, sehr großes Nervensystem, zahlreiche Zellen, die Signalmoleküle ausschütten, oder Signale wahrnehmen können, und er beinhaltet neben einer riesigen Anzahl an Darmbakterien auch den größten Teil unseres Immunsystems. Betrachtet man diese Punkte, wird einem schnell bewusst, welche Wichtigkeit der Darm für uns hat, nicht nur für die körperliche, sondern auch für die geistige Gesundheit.

Die Forschung hat verschiedene Theorien aufgestellt, wie der Darm unsere Emotionen steuern kann, und versucht jeden Tag, neue Puzzleteile in diesem komplexen System aufzudecken.

Der aktuelle Stand der Forschung lässt sich grob wie folgt zusammenfassen:
Unser Darm kann entweder über sein komplexes Nervensystem oder über das Immunsystem mit unserem Gehirn Kontakt aufnehmen und so scheinbar die Emotionen steuern. Es können sowohl die Inhaltsstoffe und die Konsistenz der Lebensmittel, als auch verschiedene Signale der Darmbakterien an der Kommunikation zwischen Darm und Gehirn beteiligt sein. Wahrscheinlich spielen alle Faktoren zusammen und ergeben eine vielschichtige Reaktion in unserem Gehirn. Dem Dickdarm wird die untere Körperhälfte, insbesondere der untere Rücken zugeordnet. Was für ein Glück, dass die Aufgabenvielfalt des Darms zur Zeit intensiv erforscht wird, da die Taoisten davon ausgehen, dass das Leben im Darm sitzt. Die Funktion des Dickdarms zeigt uns, wie wir unsere Gefühle ausdrücken (z.B. Schiss haben) und sie loslassen können und wie gut wir unsere eigenen Grenzen annehmen können.

Die Gesichtsmerkmale des Metallelements

Die Gesichtsform des Metalltyps ist dreieckig. Die Nase ist das stärkste vitale Merkmal der Metallenergie. Je größer, kräftiger oder auch schöner die Nase, desto stärker ist die Metallenergie. Nebengebiete sind die Wangenknochen, die obere Wangenpartie und die Haut. Durch den Metalleinfluss entsteht viel Abstand zwischen den einzelnen Gesichtsmerkmalen. Ist die Metallenergie stark, sind die Gesichtszüge verfeinert, klar, symmetrisch und drücken eine natürliche, heitere, gelassene Autorität aus.

Die Nase

Die Nase als Zentrum des Gesichts zeigt an, mit welchem Selbstverwirklichungswillen der Mensch im Leben steht. Anders ausgedrückt: Was will dieser Mensch?

Um die Größe der Nase zu bestimmen, teilen wir das Gesicht in drei Bereiche, dem Stirnbereich (Obergesicht, Augen und Nasenbereich), Mittelgesicht und dem Mund-Kinn-Bereich (Untergesicht). Sind Ober- und Untergesicht größer als das Mittelgesicht, sprechen wir von einer kleinen Nase. Sind Ober- und Untergesicht kleiner als das Mittelgesicht, sprechen wir von einer großen Nase. Ist entweder das Ober- oder das Untergesicht größer als das Mittelgesicht, haben wir eine mittelgroße Nase.
Mittelgesicht und Nase zeigen uns, wie ausgeprägt der Wille ist.
In Beziehungen gibt die größere Nase die Richtung an, da sie den natürlichen Führungsanspruch hat. Sind beide Nasen gleich groß, kann es zu Machtkämpfen kommen.

Große Nase

Menschen mit einer großen Nase wollen gesehen werden, sich zur Geltung bringen. Sie wollen etwas bewegen, aktiv und diszipliniert, möglichst perfekt. Sie haben pädagogisches Talent und können gut Wissen vermitteln. Diese Menschen besitzen ein Talent für Planung und Strategie. Sie brauchen Zeit, damit sich ihre Kreativität entwickelt. Ihnen ist es wichtig, mit dem Beruf zu wachsen.

Kleine Nase

Besitzer kleiner Nasen lassen sich gerne von der natürlichen Autorität der „großen Nase“ führen. Sie verfügen über eine starke körperliche Kraft, ein gutes Einfühlungsvermögen und Empathie, weshalb sie meist sehr kinder- und tierlieb sind. Sie setzen ihre Kraft gern für Andere ein und sollten dabei darauf achten, dass sie sich nicht verausgaben.

Die kleine Nase gilt auch als Workaholic-Nase: Diese Menschen wollen effizient arbeiten, das in kurzer Zeit und möglichst viel.

Die normale Nase

Menschen mit einer normalen Nase gelten als flexibel, wählen den goldenen Weg der Mitte und haben von beiden Nasen etwas. Das heißt zum Beispiel, dass sie mit kurz- und langfristigen Projekten gut klarkommen.

Dünner Nasenrücken

Menschen mit dünnen Nasenrücken sind sensibel und sollten darauf achten, sich nicht zu sehr von außen beeinflussen zu lassen. Sie lieben es, eins nach dem anderen zu machen, da sie ansonsten schnell an ihre Grenzen kommen

Breiter Nasenrücken

Diese Menschen sind gut belastbar, können Risiken eingehen und darauf vertrauen, dass ihnen alles gelingt.

Konkave Nasenrücken

Ein Mensch mit konkavem Nasenrücken sieht viele Möglichkeiten und Optionen; für ihn ist es ab und an eine gute Herausforderung, sich auf eine Sache zu konzentrieren. Kinder haben in ihren ersten Lebensjahren immer eine konkave Nase, als Zeichen dafür, dass alle Möglichkeiten im Leben offen sind.

Die Adlernase ist eine Nase mit einem Höcker auf dem Nasenrücken

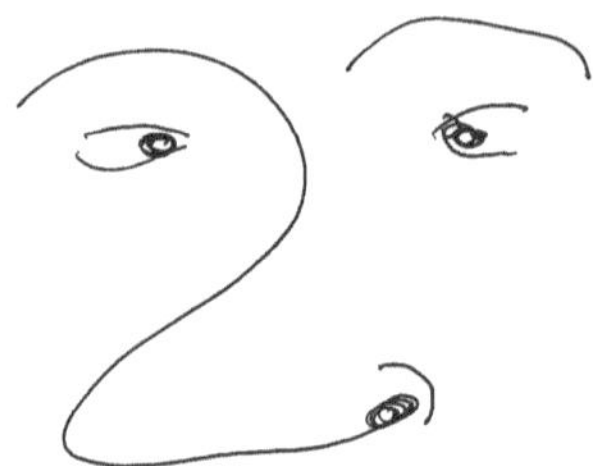

Die Nase des Adlers, dem König der Lüfte, ist gebogen und so drückt diese Nase Aristokratie aus. Diese Menschen legen Wert auf Stil und werden von anderen respektiert. Ihre Vorgehensweise ist prüfend und gründlich.

Aufwärtsnase (Stupsnase)

Sie wird auch gerne Himmelfahrtsnase genannt. Ein Mensch mit diesem Nasentyp ist neugierig, offen, spontan und macht keine langfristigen Pläne, um möglichst flexibel zu sein. Er wird durch Spaß und Freude motiviert, ist kinder- und tierlieb. Solch ein Mensch arbeitet mit Gefühl, Intuition und braucht Lob. Er reagiert empfindlich auf Kritik. Dienst nach Vorschrift ist für ihn langweilig.

Abwärtsnase (Hexennase)

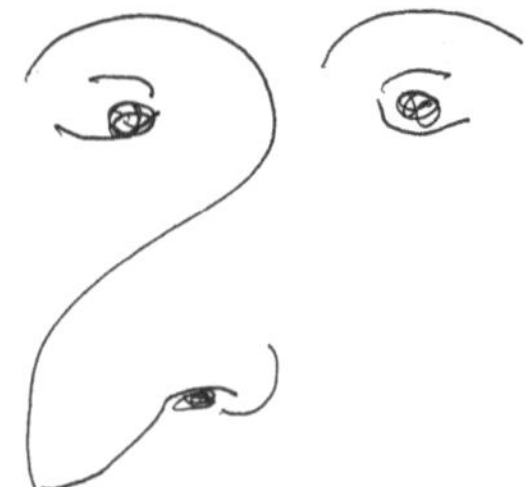

Die Hexennase ist länger als die Adlernase und die Abwärtsbewegung ist stärker ausgeprägt.Sie ist die stärkste Metallnase mit allen Eigenschaften des Metallelements. Diese Menschen wollen die Dinge perfektionieren. Sie hinterfragen die Dinge logisch, analytisch und u.U. auch kritisch. Sie sind klar, präzise, pflichtbewusst und haben eine hohe Selbstmotivation.

Die Wangenknochen
Sie spiegeln Durchsetzungskraft und den Führungsstil, Dominanz und Perfektion wieder.

Starke, vorstehende Wangenknochen

Menschen mit ausgeprägten Wangenknochen wollen führen und im Rampenlicht stehen. Diese Form der Wangenknochen symbolisiert Macht und Autorität und kommt häufiger bei Frauen als bei Männern vor.

Weiche, gut gepolsterte Wangenknochen

Diese Menschen machen ihren Führungsanspruch auf eine nette, freundliche Art geltend, meist ohne dass der Andere es merkt. Sie besitzen ein exzellentes Organisationstalent.

Flache Wangenknochen

Diese Menschen möchten lieber alles selber machen und hassen es, wenn man ihnen sagt, was sie zu tun haben. Sie lieben es harmonisch, Führungsaufgaben sind nicht ihre Stärke. Sie sind die idealen Selbstständigen.

Viel Abstand zwischen den einzelnen Gesichtsmerkmalen

So wie die Zeichen im Gesicht Platz brauchen, brauchen diese Menschen ihren Freiraum. Ihre Sensibilität zwingt sie immer wieder in den Abstand zu den Anderen zu gehen, um Zeit für sich zu haben. Sie brauchen Platz, um sich zu entfalten und ertragen es nicht, wenn sie sich eingesperrt fühlen.

Selbst-Test: Die Gesichtsmerkmale des Metallelements

Starke Zeichen des Metallelements sind:

- ❍ Dreieckige Gesichtsform
- ❍ Große Nase
- ❍ Ausgeprägte Wangenknochen
- ❍ Viel Abstand zwischen den Gesichtsmerkmalen

Die Nase = der Selbstverwirklichungswille

❍ **Große Nase**
Will gesehen werden, pädagogisches Talent, natürliche Autorität, Talent für Planung und Strategie.

❍ **Kleine Nase**
Starke körperliche Kraft, ein gutes Einfühlungsvermögen, Empathie, kinderlieb, tierlieb, Workaholic-Nase.

❍ **Die normale Nase**
Flexibel, wählt den goldenen Weg der Mitte.

❍ **Dünner Nasenrücken**
Sensibel, macht besser eins nach dem anderen.

❍ **Breiter Nasenrücken**
Gut belastbar, multitaskingfähig.

❍ **Konkave Nasenrücken**
Neugierig, liebt die Bequemlichkeit.

- **Gebogener Nasenrücken**
  Adlernase, Aristokratie, Autorität, Vorgehensweise ist prüfend und gründlich.

- **Aufwärtsnase (Stupsnase)**
  Himmelfahrtsnase, neugierig, offen, spontan, reagiert empfindlich auf Kritik. Dienst nach Vorschrift ist für sie langweilig.

- **Abwärtsnase (Hexennase)**
  Metallnase, will die Dinge perfektionieren, logisch, analytisch, klar, präzise, pflichtbewusst und hat eine hohe Selbstmotivation.

- **Die Wangenknochen**
  Sie spiegeln Durchsetzungskraft und den Führungsstil, Dominanz und Perfektion wieder.

- **Starke, vorstehende Wangenknochen**
  Wollen führen und im Rampenlicht stehen.

- **Weiche, gut gepolsterte Wangenknochen**
  Macht Führungsanspruch auf eine nette, freundliche Art geltend, exzellentes Organisationstalent.

- **Flache Wangenknochen**
  Macht lieber alles selber.

- **Viel Abstand zwischen den einzelnen Gesichtsmerkmalen**
  So wie die Zeichen im Gesicht Platz brauchen, benötigen diese Menschen ihren Freiraum.

Was bedeutet das für mich?

....

....

....

....

....

....

....

Der Wasser-Typ

Das Wasser Element

Das Wasser-Element ist dem Winter bzw. der pränatalen (vorgeburtlichen) Phase zugeordnet. Die pränatale Phase hat durch das Fruchtwasser, indem wir uns im Bauch unserer Mutter zur Zeit der Schwangerschaft bewegen, einen sehr direkten Bezug zum Wasser-Element. Wasser ist die schöpferischste Kraft in der Natur. Sie verleiht dem Körper Kraft und Energie und dem Geist Weisheit. Wasser ist widersprüchlich. Es kann jeden Zustand annehmen von ruhig und gelassen (z.B. ein See oder Eis) bis hin zu zerstörerisch und wild (z.B. Bergbach oder Brandung). Ähnlich widersprüchlich ist das Wasser in uns: Es verleiht uns einerseits Kraft und Energie zum Handeln (Yang-Aspekt), andererseits ermöglicht es uns auch, uns dem Fluss des Lebens hinzugeben (Yin-Aspekt). Die Wasserenergie ist eng mit unserer vorgeburtlichen Energie verknüpft: In den Nieren ist das Ursprungs-Ki (Lebensenergie) und die Essenz (Lebensbatterie) gespeichert. Davon zehren wir im Laufe unseres Lebens, ohne es je wieder auffüllen zu können. Durch unseren Lebensstil können wir jedoch beeinflussen, wie viel wir im Alltag davon verbrauchen. Wasser reinigt und verhindert durch sein Fließen Stagnation. Die Nieren und die Blase sowie die Knochen und das Knochenmark werden dem Wasserelement zugeordnet. Ein Ungleichgewicht im Wasserelement zeigt sich zum Beispiel in einem zu starken Willen oder Willenlosigkeit. Ausgeglichenes Wasser fließt dahin, man überlässt den Lauf der Dinge dem Fluss des Lebens, ohne sich jedoch der Passivität hinzugeben. Ist man nicht in der Lage, diesem Fluss des Lebens zu vertrauen, versucht man also, mit aller Kraft sein Schicksal zu beeinflussen, kann darin eine Urangst vor dem Leben liegen.

Organe und Organsysteme, die dem Wasser-Element zugeordnet werden

Die Nieren

In der TCM (Traditionellen Chinesischen Medizin) heißt es, dass aus der Nierenenergie die Kraft aller anderen Organe entspringt. Wasser ist für das Speichern von Nährstoffen und die Körpertemperaturregelung verantwortlich. In der TCM werden die Nieren in eine rechte Yin-Niere (weiblich/passiv) und eine linke Yang-Niere (männlich/aktiv) eingeteilt (siehe Kapitel „Yin und Yang Seite“: öffentliche Maske und private Persönlichkeit!).
Die Yin-Niere (weiblich/passiv) speichert die Ursprungsenergie, die von den Eltern vererbte Lebensessenz. Die Yang-Niere (männlich/aktiv) wiederum bildet die Grundlage für die Wärme und der Aktivität des ganzen Körpers.
Was die Nieren besonders schwächt, ist zu viel Stress, wenig Schlaf und ein unregelmäßiger Lebensstil. Auch Dauerlärm, zu leichte Kleidung, schlechte Ernährung und natürlich Drogen schaden den Nieren. Neben diesen äußeren Einflüssen sind es aber vor allem bewusste oder unbewusste Ängste, die die Nieren schwächen.
Auch in unserer symbolreichen Sprache finden wir klare Hinweise auf die emotionale Funktion der Nieren. Indem wir zum Beispiel sagen “Etwas geht mir an die Nieren“ wird klar, dass die Nieren für die Gefühlstiefe und Intensität steht. Ein Wasser-Typ hat intensive Gefühle und kann es oft nicht verstehen, das Andere so schnell und leicht über etwas hinwegkommen. Ist der Wasser-Typ geschwächt, dann fehlt es oftmals am Grundvertrauen in den eigenen Körper, in

die eigenen Fähigkeiten und in die eigene Persönlichkeit. Es entsteht die Angst, „nicht gut genug zu sein", und dabei kann sich derjenige in ein Labyrinth aus Ansprüchen, Regeln und Verpflichtungen verstricken. Klassische Beispiele hierfür sind, mehrfach belastete Mütter, die neben ihrem Job noch Kinder und Beziehung handeln müssen, und sich dabei überfordert fühlen, weil sie ständig das Gefühl haben, den Anforderungen der Anderen nicht zu genügen. Deshalb ist es wichtig, besonders Kindern (insbesondere Wasser-Kindern) von Beginn an viel Grundvertrauen und Geborgenheit mitzugeben, damit sich Angstmuster gar nicht erst so leicht entwickeln können. Menschen mit einer starken Nierenenergie handeln aus ihrer inneren Kraft und sind im Selbstvertrauen. Sie haben einen starken Willen und lassen sich nicht von Herausforderungen abschrecken. Gleichzeitig übernehmen sie Verantwortung für sich und andere, ohne sich zu überfordern.

Die Blase

Die Blase ist für die Verteilung der Kraft über den Tag zuständig, die Niere stellt die Kraft für das ganze Leben zur Verfügung. Die Blase ist zusammen mit den Organen Magen und Gallenblase für die Aufrichtung des Menschen zuständig, hierbei insbesondere für den Rücken. Rückenschmerzen treten häufig in Verbindung mit einer Unausgewogenheit der Blasenenergie auf.

Ist diese Energie ausgewogen, vermag sich der Mensch den ständigen äußeren Einflüssen und Veränderungen in einem Fluss' anpassen. Ist sie gestört, kommt es zu kurzzeitiger Erschöpfung mit Anspannung, Unruhe und Verspannungen.

Die Gesichtsmerkmale des Wasserelements

Die Gesichtsform des Wassertyps ist unregelmäßig. Als Vitalausdruck der Wasserenergie betrachten wir als erstes die Ohren, anschließend den oberen Haaransatz und den oberen Stirnbereich. Danach betrachten wir die Partie unter den Augen, das Pallium und Philtrum (was sich zwischen Nasensteg und der Mitte des Oberlippenrand befindet)und das Kinn. Jedes dieser Merkmale zeigt, wie stark oder schwach das Wasser-Element ist.

Starke Zeichen des Wasserelements sind:

- Große Ohren
- Eine markante Stirn
- Große, verträumte Augen, die dunkel- oder hellblau sein können
- Das konturierte Philtrum
- Das prägnante Kinn
- Die unregelmäßige Gesichtsform

Ohren

Unsere Ohren vermitteln uns einen Eindruck unserer ererbten Konstitution. Ein fester Ohrknorpel spricht für eine starke Nierenenergie und einer guten Konstitution. Um herauszufinden, wie gut die eigene Konstitution ist, kann man folgenden Test durchführen:
Das Ohr zwischen Daumen und Zeigefinger nehmen, biegen und durchkneten, bei einer guten Konstitution fühlt es sich fest an, sozusagen wie Spaghetti al dente. Wenn sie eher steif sind, leidet derjenige eher an hohem Blutdruck. Lässt sich das Ohr leicht zusammenfalten und wirkt durchsichtig und zerbrechlich, deutet dies auf eine schwache Konstitution, das heißt der Besitzer sollte extreme Anstrengungen vermeiden, um nicht seine Lebensenergie unnötig auszuleeren.

Große oder kleine Ohren?

Die Ohrgröße sagt uns etwas über die Lebenskraft, Führungsqualität, den Wagemut und die Risikobereitschaft. Außerdem verrät sie uns, wie viele Informationen ein Mensch unbewusst verarbeiten möchte. Ob es sich um große oder kleine Ohren handelt, zeigt uns, wie viel Ohrlängen auf der Strecke zwischen Kinn und Stirn -Haaransatz Platz haben

Strecke: Stirn-Haaransatz – Kinn
wenn 3 - 4 Ohrlängen entlang dieser Strecke passen = große Ohren
wenn 5 - 6 Ohrlängen entlang dieser Strecke passen = kleine Ohren

Große Ohren

Menschen mit großen Ohren haben eine starke Lebenskraft und eine angeborene Führungsqualität. Ihre Risikobereitschaft ist sowohl in Geldangelegenheiten z.B. beim Pokerspielen als auch bei vollem

Körpereinsatz wie bei Stunts sehr groß. Sie sind gute Zuhörer (z.B. Albert Schweizer). Sie verfügen über eine gute Aufnahmegabe und oftmals auch über ein gutes Allgemeinwissen.
Gefahr: kleiner Informations-Nimmersatt. Wenn zu viel Information vorhanden ist, ist keine Entscheidung mehr möglich.

Kleine Ohren
Menschen mit kleinen Ohren signalisieren eher ein vorsichtiges, zuweilen auch ängstliches Verhalten. Sie sammeln nicht nur Informationen, sondern nehmen sie auch ernst und persönlich. Ihre Aufmerksamkeit für Informationsvielfalt erlahmt schneller. Sie merken sich wunderbare Details (Charlie Chaplin vergaß nie einen Trick, der zu seinem Film „Der Vagabund" passte). Sie tendieren dazu, mit sich selbst zu stark ins Gericht zu gehen. In Projekten sind sie eher zögerlich und gehen auf Nummer sicher.

Mittelgroße Ohren
Diese Menschen sind flexibel: Manchmal speichern sie alle Informationen und manchmal schalten sie ab. Gefahr: Intoleranz

Position der Ohren
Die Position der Ohren verrät, wie schnell jemand Entscheidungen trifft. Je höher die Ohren angesetzt sind, desto früher wissen sie, was sie wollen.

Hoch angesetzte Ohren

Menschen mit hoch angesetzten Ohren verarbeiten alle Informationen äußerst schnell und genauso schnell entscheiden sie sich auch, was sie schon früh ihren eigenen Weg gehen lässt.
Endet der höchste Punkt am Ohr, in Höhe der Augenbrauen, gehen sie Anfang dreißig ihren eigenen Weg
Gefahr: Ungeduld, zu schnell, zu viel und sofort.

Tief angesetzte Ohren

Bei Menschen mit tief angesetzten Ohren ist die Sehnsucht nach Wissen stärker, als die, eine Entscheidung zu treffen. Sie sammeln Informationen und entscheiden dann.
Endet der höchste Punkt am Ohr in Höhe der Augen, werden sie erst Mitte bis Ende dreißig wissen, was sie wollen.
Gefahr: unflexibel, entscheidungsschwach.

Mittige Ohren

Hier geht: sowohl als auch, je nach Situation.
Gefahr: Intoleranz

Der Winkel der Ohren

Um herauszufinden, ob es sich um abstehende bzw. freie Ohren handelt, schiebt man einen Bleistift zwischen Ohr und Kopf; anliegende Ohren müssen dem Stift Platz machen. Der Winkel sagt unter anderem aus, wie der Mensch zu gesellschaftlichen Konventionen steht.

Anliegende Ohren

Menschen mit anliegenden Ohren sind harmonisch und friedliebend. Sie befolgen vorgegebene Regeln, wollen dazu gehören und sind gute Zuhörer. Außerdem sind sie äußerst taktvoll und feinfühlig, was Manieren, Kleidung und zwischenmenschliche Kontakte angeht. Sie können sich überall schnell anpassen und reagieren meist allergisch auf schlechte Manieren.

Abstehende (freie) Ohren

Menschen mit freien bzw. abstehenden Ohren tun, was sie wollen, auch wider den vorgegebenen Regeln. Was Andere von ihnen erwarten, nehmen sie erst später zur Kenntnis und bemühen sich dann um Schadensbegrenzung (z.B. Mahatma Gandhi).
Sie gehen eigensinnig ihren Weg und manchmal hören sie nur, was sie wollen.

Große Ohrläppchen

Große Ohrläppchen an einem Menschen sind ein Zeichen für ein langes Leben und materiellen Wohlstand. Sein Sicherheitsbedürfnis auf der materiellen Ebene ist stark ausgeprägt. Außerdem verfügt derjenige über eine gute Regenerationsfähigkeit.

Kleines Ohrläppchen

Geld ist diesen Menschen nicht so wichtig. Sie sind keine Sparer, was sie haben geben sie aus Diese Menschen konzentrieren sich mehr auf die Gegenwart, die Zukunft ist noch nicht geplant. Das Ausleben immaterieller Bedürfnisse ist ihnen wichtiger.

Angewachsene Ohrläppchen
Diese Menschen fühlen eine starke Verbundenheit mit der Herkunftsfamilie, ob harmonisch oder nicht. Sie sind sehr spontan.

Frei hängende Ohrläppchen
Menschen mit solchen Ohrläppchen suchen sich Freunde als „Ersatz-Familie".

Die Stirn

Die Stirn zeigt uns unsere individuelle Denkweise, unsere geistige Kapazität und unsere Vorstellungskraft. Die Art und Weise, wie wir denken, hängt von den Proportionen der Stirn ab. Hier ein paar Beispiele:

Die hohe Stirn

Menschen mit dieser Stirn verfürgen über Ideenreichtum und ein ausgeprägtes Vorstellungsvermögen. Sie sind offen für philosophische Fragen und können komplexe Zusammenhänge gut verarbeiten. Sie sind wissbegierig, vorwärtsdenkend und haben eine hohe Konzentrationsfähigkeit. Es fällt ihnen schwer, ihre Erfahrungen auf eine emotionale Ebene zu bringen

Die niedrige Stirn

Menschen mit niedriger Stirn sind praktisch und bodenständig. Sie lernen die Dinge durch persönliche Erfahrungen und nicht durch Theorien.

Die breite Stirn

Ein Mensch mit einer breiten Stirn möchte seinen Horizont erweitern und hat viele Interessen .Durch seinen systematischen Charakter ist er, trotz allem gut organisiert. Er ist verantwortungsbewusst, diszipliniert und weiß, was er will.

Die schmale Stirn

Bei diesen Menschen ist die Konzentration auf Teilbereiche ihre Stärke. Sie können sich akribisch um Dinge kümmern, die andere langweilen.

Die gerade Stirn

Menschen mit einer geraden Stirn denken linear und setzen die Dinge Schritt für Schritt um. Da sie sich mit wenigen ererbten Talenten herumschlagen müssen, wählen sie bewusst ihren eigenen Weg und fühlen sich nicht durch ihre Veranlagungen an irgendetwas gebunden.

Die runde Stirn

Menschen mit einer runden Stirn profitieren von ihrer ausgeprägten Vorstellungskraft. Sie sind neugierig und vielseitig interessiert, was sie manchmal überfordert oder daran hindert, Dinge zu Ende zu bringen.

Die fliehende Stirn

Bei diesen Menschen ist ihr Verhandlungsgeschick und Geschäftssinn sehr ausgeprägt. Sie wenden Gelerntes sofort an und besitzen ein gutes Erinnerungsvermögen. Sie lieben bewährte Methoden und Vorgehensweisen.

Das Kinn

Das Kinn spiegelt die emotionale Stärke der Niere (innere Willenskraft), die besonders in schwierigen Lebenssituationen aktiviert werden muss, was in dem Ausspruch „Kopf hoch“ (präziser wäre: Kinn hoch) zum Tragen kommt. Allgemein kann man sagen: je stärker der Wille, desto kräftiger das Kinn.
Da das Gesicht im Alter länger wird, kann sich auch die Form und Beschaffenheit des Kinns verändern. Die genaue Form des Kinns erkennt man, wenn man den Menschen von der Seite betrachtet.

Das lange Kinn

Ein Mensch mit einem langen Kinn ist geerdet, tatkräftig und eigenwillig. Durch sein oftmals energisches Auftreten nehmen die anderen seine Gefühlstiefe nicht so wahr. Er hat einen ausgeprägten Lebenswillen und die Bereitschaft, bis ins hohe Alter zu arbeiten.

Das kleine Kinn

Bei einem kleinen Kinn ist der Willen zwar schwächer, jedoch deutet es auf mehr Gelassenheit und ein sanfteres Auftreten hin. Ein Mensch mit einem kleinen Kinn hat das Bedürfnis, sich früher aus dem Arbeitsleben zurückzuziehen.

Das breite Kinn

Die Kinnbreite steht für Durchsetzungskraft und Risikobereitschaft, also für eine ideale Führungsperson. Menschen mit einem breiten Kinn haben meist sehr hilfreiche Freunde und er braucht die Gruppe, um motiviert zu werden

Ein langes, breites Kinn ist ein Schutzschild gegen Widrigkeiten aller Art. Die Gefahr für diese Menschen besteht, dass es zur Sucht wird, sich in gefährliche Situationen zu bringen.

Das schmale, gerundete Kinn
Es wird auch das „fürsorgliche Kinn" genannt, da sich ein Mensch mit dieser Kinnform gern um Andere kümmert. Er hat eine ausgeprägte Kinder und Tierliebe. Wenn es ihm schlecht geht, zieht er sich zurück oder möchte mit einem Vertrauten sprechen.

Das hervorstehende Kinn
Menschen mit einem hervorstehenden Kinn nehmen gerne Einfluss auf die Dinge, die um sie herum passieren, und sagen klar und deutlich, wo es langgeht. Sie neigen zu impulsiven Handlungen und fühlen sich u.U. schnell angegriffen.

Das spitze Kinn
Ein Mensch mit einem spitzen Kinn hat eine ausgeprägte Wahrnehmung und Sensitivität. Er wirkt oftmals unschlüssig und emotional, weshalb er lernen darf, besser für sich einzustehen und der eigenen Intuition zu vertrauen.

Das fliehende Kinn
Meist ist bei Menschen mit fliehendem Kinn die Willenskraft durch Erlebnisse mit einer dominanten Erziehungsperson aus der Kindheit geschwächt. Die Lösung besteht darin, den eigenen Willen bewusst zu stärken.

Grübchen am Kinn
Lob und Anerkennung sind eine wichtige Motivation für Menschen mit einem Grübchen am Kinn, auf Kritik reagieren sie eher empfindlich.

Hier die kurze Zusammenfassung der Kinnformen und ihre Bedeutung: Ein breites Kinn weist auf emotionale Stärke und praktisches Denken hin. Ein rundes Kinn verrät diplomatische Fähigkeiten und ein ausgeglichenes Temperament, während ein spitzes Kinn unschlüssig und emotional wirken kann.

Das Pallium
Das Pallium reicht von der Mitte des Oberlippenrand bis zum unteren Rand des Nasensteg und wird durch die Nasolabialfalte bzw. Wangenfalte begrenzt. Die Rille in der Mitte des Palliums wird Philtrum genannt.
Das Größe bzw Länge des Palliums gibt an, wie wichtig Achtsamkeit für den Menschen ist und wie viel Aufmerksamkeit man Anderen entgegenbringt. Ebenso zeigt es uns, wie viel Entschlossenheit zum Erreichen der eigenen Ziele und eigenen Interessen vorhanden ist. Zum Pallium sollte man auch immer die Beschaffenheit des Kinns in Beziehung setzten.

Konkav nach innen gewölbtes Pallium
Menschen mit einem in der Profilansicht nach innen gewölbten Pallium mit feinstrukturierter Haut und weichem Gewebe sind feinfühlig. Es ist ihnen wichtig, mit sich selbst und seinem Gegenüber achtsam umzugehen. Das gleiche erwartet er vom anderen.

Das gerade Pallium

Im Profil dieses Menschen erscheint das Pallium gerade, meist mit festem Gewebe. Je gerader und je fester das Pallium, desto größer ist der Ehrgeiz und der Wunsch seinen eigenen Willen durchzusetzen. Bei ständiger Verletzung der Feinfühligkeit entstehen waagerechte Fältchen in der Mitte des Palliums.

Ein langes, festes, nach außen gewölbtes Pallium

Diese Menschen sind entschlossen, ihr einmal anvisiertes Ziel um jeden Preis zu erreichen. Dabei können schon mal die Bedürfnisse des eigenen Körpers und die Wünsche und Interessen der Anderen übersehen werden.

Ein langes, weiches Pallium

Die Feinfühligkeit herrscht in Menschen mit solch einem Merkmal vor, d.h. sie haben ihr Umfeld und ihr Wohlbefinden trotz ausgeprägter Zielstrebigkeit noch im Blick.

Ein kurzes Pallium

Diese Menschen haben wenig Interesse, Ziele zu verfolgen. Sie agieren aus anderen Motivationen heraus und legen für ihre Leistungen eigene Maßstäbe an.

Das Philtrum
Es befindet sich zwischen der Oberlippe und der Nasenspitze und spiegelt die Kraft der Fortpflanzungsorgane und Kreativität wider. Ist dieser Bereich stark gezeichnet und konstruiert, ist eine ausgeprägte Lebenskraft vorhanden. Außerdem gibt es uns Auskunft über das Empfinden des Menschen für Benehmen und Umgangsformen

Das klare, hohe, weiche Philtrum
Diese Menschen sagen oft: "Das tut man nicht!" Gute Umgangsformen sind für sie absolut wichtig. Je klarer das Philtrum hervortritt, desto unangenehmer ist ihnen schlechtes Benehmen. Ist es trotz der Klarheit eher weich, empören sie sich aus Höflichkeit nicht über die Grenzüberschreitung.

Das klare, hohe feste Philtrum
Ist es bei einem Menschen dagegen klar und fest, fühlt er sich durch unziemliches Benehmen regelrecht beleidigt und weist seine Mitmenschen in ihre Schranken. Aus diesem Grund heraus ist es ihm wichtig, zu dominieren. Er sieht es als einen natürlichen Anspruch an. Diese auf den ersten Blick negative Eigenschaft kann auch zum Wohl für Andere eingesetzt werden.

Das kaum sichtbare Philtrum
Ist das Philtrum wenig sichtbar, so zeigt es uns, dass derjenige keinen Anspruch fühlt, andere zu dominieren. Ihm sind Umgangsformen nicht so wichtig und er reagiert eher gelassen auf schlechtes Benehmen Er ist sensibel und geht Konflikten gern aus dem Weg.

Selbst-Test: Die Gesichtsmerkmale des Wasserelements

Starke Zeichen des Wasser-Elements sind:

- ❍ Unregelmäßige Gesichtsform
- ❍ Große Ohren
- ❍ Eine markante Stirn
- ❍ Große verträumte Augen, die dunkel oder hellblau sein können
- ❍ Das konturierte Philtrum
- ❍ Das prägnante Kinn
- ❍ Die unregelmäßige Gesichtsform

Ohren = das seelische Bedürfnis des Menschen
Ererbte Konstitution, Nierenenergie, Lebensenergie

❍ **Große Ohren**
Eigenverantwortlich, starke Lebenskraft, angeborene Führungsqualität, Mut, gute Zuhörer, gute Aufnahmegabe und oftmals ein gutes Allgemeinwissen, u.U. Informationsjunky.

❍ **Kleine Ohren**
Zögerlich, zaghaft, merken sich wunderbar Details.

❍ **Mittlere Ohren**
Flexibel: Manchmal speichern sie alle Informationen und manchmal schalten sie ab.
Gefahr: Intoleranz

❍ **Position der Ohren**
Verrät, wie schnell jemand Entscheidungen trifft. Je höher die Ohren angesetzt sind, desto früher wissen sie, was sie wollen.

❍ **Hoch angesetzte Ohren**
Visionäre Ausrichtung, schnelle Entscheidungen.
Gefahr: Ungeduld, zu schnell, zu viel und sofort.

❍ **Tief angesetzte Ohren**
Bodenständige Ausrichtung, Sehnsucht nach Weisheit ist stärker, als die, eine Entscheidung zu treffen. Sammeln Informationen und entscheiden dann.
Gefahr: unflexibel, entscheidungsschwach.

❍ **Mittige Ohren**
Sowohl als auch, je nach Situation. Gefahr: Intoleranz

Der Winkel der Ohren (gesellschaftlichen Konventionen)

❍ **Anliegende Ohren**
Harmoniebedürfnis, anpassungsfähig, reagieren meist allergisch auf schlechte Manieren.

❍ **Abstehende Ohren**
Veränderungsenergie, erhöhte, innere Anspannung. Tun, was sie wollen.

❍ **Große Ohrläppchen**
Langes Leben, starkes Sicherheitsbedürfnis auf materieller Ebene, gute Regenerationsfähigkeit.

❍ **Kleines Ohrläppchen**
Das Ausleben immaterieller Bedürfnisse ist ihnen wichtiger,als das anhäufen von materiellem Besitz

❍ **Angewachsene Ohrläppchen**
Spontan, starke Verbundenheit mit der Herkunftsfamilie, ob harmonisch oder nicht.

❍ **Frei hängende Ohrläppchen**
Sie suchen sich Freunde als „Ersatz-Familie“

Die Stirn = individuelle Denkweise, geistige Kapazität und Vorstellungskraft.

- **Die hohe Stirn**
  Ideenreichtum, Vorstellungsvermögen, Phantasie, wissbegierig, hohe Konzentrationsfähigkeit.

- **Die niedrige Stirn**
  Praktisch, bodenständig, „learning by doing".

- **Die breite Stirn**
  Sich gedanklich einen breiten Horizont verschaffen, gut organisiert.

- **Die schmale Stirn**
  Konzentration auf Teilbereiche, sich akribisch um Dinge kümmern, die Andere langweilen.

- **Die gerade Stirn**
  Denkt linear und setzt die Dinge Schritt für Schritt um.

- **Die runde Stirn**
  Ausgeprägte Vorstellungskraft, neugierig, manchmal überfordert, die Dinge zu Ende zu bringen.

- **Die fliehende Stirn**
  Verhandlungsgeschick, Geschäftssinn, wendet Gelerntes sofort an, gutes Erinnerungsvermögen, liebt bewährte Methoden und Vorgehensweisen.

Das Kinn = emotionale Stärke der Niere, innere Willenskraft,

- **Das lange Kinn**
  Geerdet, tatkräftig, eigenwillig, oftmals energisches Auftreten, ausgeprägter Lebenswillen und die Bereitschaft, bis ins hohe Alter zu arbeiten.

- **Das kleine Kinn**
  Sanft und gelassen, hat das Bedürfnis, sich früher aus dem Arbeitsleben zurückzuziehen.

- **Das breite Kinn**
  Starke Durchsetzungskraft, Risikobereitschaft, braucht die Gruppe um sich selbst zu motivieren

- **Langes, breites Kinn**
  Schutzschild gegen Widrigkeit, Sucht, sich in gefährliche Situationen zu bringen.

- **Das schmale,gerundete Kinn**
  „Fürsorgliches Kinn“, ausgeprägte Kinder- und Tierliebe.

- **Das hervorstehende Kinn**
  Sagt klar und deutlich, wo es langgeht, neigt zu impulsiven Handlungen, fühlt sich u.U. schnell angegriffen.

- **Das spitze Kinn**
  Ausgeprägte Wahrnehmung und Sensitivität, unschlüssig, emotional, muss lernen, besser für sich einzustehen und der eigenen Intuition zu vertrauen.

- **Das fliehende Kinn**
  Zurückhaltung, kann geduldig warten.

- **Grübchen am Kinn**
  Lob und Anerkennung ist wichtige Motivation, kritikempfindlich.

Das Pallium zeigt den Grad der Achtsamkeit und Aufmerksamkeit und die Entschlossenheit zum Erreichen der eigenen Ziele und eigenen Interessen an.

- **Konkav nach innen gewölbtes Pallium**
  Feinfühlig, für ihn ist es wichtig, mit sich selbst und seinem Gegenüber achtsam umzugehen und möchte, das auch so mit ihm umgegangen wird.

- **Das gerade Pallium**
  Ehrgeiz, starke, geistige Willensenergie, weniger feinfühlig.

- **Ein langes, festes, nach außen gewölbtes Pallium**
  Entschlossen, das einmal anvisierte Ziel um jeden Preis zu erreichen.

- **Ein langes, weiches Pallium**
  Die Feinfühligkeit herrscht vor, d.h. Umfeld und Wohlbefinden bleiben trotz ausgeprägter Zielstrebigkeit noch im Blick.

- **Ein kurzes Pallium**
  Wenig Interesse, Ziele zu verfolgen, agiert aus anderen Motivationen heraus.

Das Philtrum = Kraft der Fortpflanzungsorgane und der Kreativität, das Empfinden für Benehmen und Umgangsformen

❍ **Das klares, hohes, weiches Philtrum**
"Das tut man nicht!", gute Umgangsformen sind absolut wichtig.

❍ **Das klare, hohe, feste Philtrum**
Reagiert beleidigt auf unziemliches Benehmen und weist sein Gegenüber dann in seine Schranken.

❍ **Das kaum sichtbare Philtrum**
Umgangsformen nicht so wichtig. Reagiert eher gelassen auf schlechtes Benehmen, sensibel und konfliktscheu.

Was bedeutet das für mich?

....

....

....

....

....

....

....

....

Talente der einzelnen Elemente

Eigenschaften und Talente des Holzelements:

Ideenreichtum, Kreativität und gute Verbindungen zu anderen Menschen kennzeichnen Menschen mit ausgeprägten Holzenergien. Die besonderen Stärken sind Spontanität, Begeisterungsfähigkeit und Zielstrebigkeit. Diese Eigenschaften brauchen viel Raum zur Entfaltung.

Die Qualität „Frühling“, die dem Element Holz entspricht, macht Menschen zu entschlussfreudigen, dynamischen und anpassungsfähigen Persönlichkeiten, die langfristige und dauerhafte Erfolge erzielen.

Ausgeglichene Holzenergie
Ist das Entwicklungsprinzip Holz in Harmonie, zeigt es sich durch Güte, Freundlichkeit, Großzügigkeit, Romantik, Zielstrebigkeit, Entschlossenheit, Koordinationsvermögen und Selbstbeherrschung.

Zu viel Holzenergie
Dies zeigt sich oftmals in starkem Zorn, Ungeduld und Distanzlosigkeit gegenüber anderen Menschen. Es kann auch zu einem extremen, manche sagen auch übertriebenem Optimismus führen, der das eigenen Handeln bestimmt.

Zu wenig Holzenergie
Dies zeigt sich in mangelndem Selbstvertrauen, Zaghaftigkeit oder Melancholie.

Es ist wichtig zu wissen, dass es den Holz-Menschen darum geht, aktiv zu sein, weshalb es ihnen als Kind extrem schwerfällt, ruhig zu sitzen. Sie wollen Dingen eine Struktur geben. Durch ihr Organisationstalent übernehmen sie in der Gruppe sehr schnell die Führung. Lassen sie die Anderen führen, wird das Projekt zügig vorankommen. Sind zwei oder mehrere Holzmenschen an einem Projekt beteiligt, kann es schon mal zu Machtkämpfen kommen. Dabei geht es dem Holz-Menschen aber nicht in erster Linie um Macht an sich, sondern darum, dass die Dinge, die zu erledigen sind, getan werden. Denn schließlich will man ja das Ziel erreichen. Es gibt keine Zeitverschwendung mit langen Diskussionen über Gefühle. Sie pochen auf den gesunden Menschenverstand und verstehen nicht, wenn jemand mit verletzten Gefühlen reagiert. Ihr Motto heißt „Ärmel hochkrempeln und zupacken", damit sie möglichst kraftvoll, schnell und ohne Zeitverschwendung ihr Ziel erreichen.

Folgende Berufe sind gut geeignet

Betrachten wir als erstes das Element selbst, also Holz, dann wird klar, dass Holz-Menschen sich gut als Schreiner oder Zimmermann eignen, weil sie in diesen Berufen den ganzen Tag mit ihrem Element arbeiten können.

Da sie es lieben, sich zu bewegen, sind alle Berufe, die mit Sport und Aktivität wie Sportler, Trainer oder auch Funktionär wunderbar geeignet.

Alle Berufe, die sich in der freien Natur abspielen, wie Gartenbauer, Gärtner oder Förster, sind ebenfalls für sie geeignet.

Ihre Führungsqualitäten können sie als Unternehmer, Führungskraft, Politiker oder Manager ausleben.

Da sie es lieben, Struktur in die Dinge zu bringen, sind sie als Architekt, Handwerker oder auch Organisator gut geeignet.
Ihr ausgeprägter Sinn für Gerechtigkeit macht sie zu hervorragenden Anwälten, Richtern oder Sozialarbeitern.
Ihre Liebe zu Debatten können sie als Moderator, Diskussionsleiter oder auch als Lehrer gut ausleben.
Ihren Wunsch, Dinge zu verbessern und zu optimieren, können sie wunderbar als Umwelt-Aktivist oder Unternehmens-Berater nachgeben.

Eigenschaften und Talente des Element Feuer

Menschen mit ausgeprägten Feuerenergien gelten als Mittler zwischen Himmel und Erde. Es gelingt ihnen zum einem, mit beiden Beinen fest mit der Erde verwurzelt zu sein und zum anderen gleichzeitig nach den Sternen zu greifen. Sie gelten als Schöpfernaturen mit innovativen Fähigkeiten, ihr Antrieb ist die Neugier und das innere Feuer, das in ihnen brennt, verleiht magische Anziehungskräfte. Die Qualität „Sommer", die dem Element Feuer entspricht, verleiht dem Menschen Aktivität und Freude, einen wachen Verstand, Wissensdurst, Offenheit für Neues, Willensstärke und Selbstbewusstsein für das unbegrenzte Potenzial an Möglichkeiten und Fähigkeiten, die jeder Mensch in sich trägt.

Ausgeglichene Feuerenergie:
Ist das Entwicklungsprinzip Feuer in Harmonie, zeigt es sich durch Verbindlichkeit, Weitsicht, Güte, Mut, Eifer, Begeisterung und Liebe.

Zu viel Feuerenergie:
Sie zeigt sich z.B. an Reizbarkeit, Begierde, ständiger Zeitnot oder intellektueller Überanstrengung.

Zu wenig Feuerenergie:
Einen Mangel an Feuerenergie erkennt man an Antriebsarmut, Lethargie oder Schwierigkeiten, Dinge zu Ende zu führen.

Folgende Berufe sind gut geeignet:
Das Lebensmotto der Feuer Menschen ist „Tue das, was Dir Spaß macht". Nicht-Feuer-Menschen sagen, dass es nicht sein kann, dass wir alle nur noch das tun, was Spaß macht, wo kämen wir da bloß hin? Das stimmt, aber wer hindert uns daran, möglichst aus allem, was wir tun, mit Freude zu machen?
Da die Bühne das Zuhause von Feuer-Menschen ist, sind alle Berufe, die mit Rampenlicht zu tun haben wie Sänger, Schauspieler, Tänzer, Animateur, Entertainer, Lehrer und Komiker wunderbar geeignet.
Um ihre Kreativität und Kunst zum Ausdruck zu bringen, eignet sich der Beruf des Fotografen, Dekorateurs, Floristen und Kunstmalers.
Da sie Menschen lieben, ist der Beruf des Therapeuten und alles, was mit Service und Verkauf zu tun hat, wunderbar geeignet.
Ihr Sinn für Erotik lässt sie auch als Go-go-Tänzer, Stripper, Erotik-Modell oder Sexualtherapeut gut und glücklich sein.
Ihre Liebe für Veränderung macht sie genauso gut in der Mode- und Einrichtungswelt als Modedesigner, Innenarchitekt oder auch Feng Shui-Berater .
Wichtig ist, dass sie für alles, was sie tun, Anerkennung bekommen, dass es leichtfällt und Spaß macht.

Eigenschaften und Talent des Erdelements:

Zuverlässigkeit und Ehrlichkeit sind die Stärken von Menschen mit ausgeprägtem Element Erde. Auch zeichnen sie sich durch Hilfsbereitschaft aus, die bis hin zur Selbstaufgabe gehen kann.

Die alles tragende Qualität im Leben ist der familiäre Zusammenhalt, klare Vorgaben zur Erfüllung von Aufgaben verleihen ihnen Kraft und Energie.

Die Qualität der verbindenden Mitte, die dem Element Erde entspricht, gibt die Fähigkeit zu langfristigen und stabilen Bindungen, und macht sie zu einem zuverlässigen Menschen, der mit beiden Beinen fest auf der Erde steht. Daraus ergibt sich auch sein Hang, Bewegungen zu vermeiden. Er gilt als Bewegungsmuffel. Sollte er sich doch mal zu einer Wanderung überreden lassen, so ist es wichtig, dass sich auf der Route eine gemütliche Hütte befindet, wo man es sich mit der Familie und den Freunden richtig gut gehen lassen kann. Ansonsten liebt er seine Couch und die Fernbedienung, um sich auf seinem Fernseher seine Filme und Serien über Familiengeschichten anzusehen. Wenn der Erde-Mensch ein Fest macht, ist der Tisch üppig gedeckt und meist verlassen die Gäste das Fest so richtig satt. Sind sie auf einem Fest, so kann man sie leicht daran erkennen, dass sie immer die Kamera zur Hand haben, um diesen Moment festzuhalten, da das Loslassen keine ihrer Stärken ist.

Eine weitere, große Schwäche von Erde-Menschen ist es, dass sie nicht ohne schlechtes Gewissen „Nein“ sagen können. Sie werten sich lieber selber ab oder übernehmen die Meinung anderer, als jemanden vor den Kopf zu stoßen. Dadurch entsteht die Gefahr, dass sie oftmals ausgenutzt werden.

Jeder Konflikt schlägt ihnen auf den Magen. Sie versuchen ständig, Konflikten aus dem Weg zu gehen und kehren auch gern die Dinge unter den Teppich, anstatt sie offen anzusprechen und auszutragen.

Ausgeglichene Erdenergie:
Ist das Entwicklungsprinzip Erde in Harmonie, so zeigt es sich durch Gleichmut, Aufrichtigkeit, Zuverlässigkeit, Geduld, Wohlwollen, Mitgefühl, Beständigkeit und Entschlossenheit.

Zu viel Erdenergie:
Sie führt zu Nachdenklichkeit, Depression, Fanatismus oder übertriebenen Machtansprüchen.

Zu wenig Erdenergie:
Sie zeigt sich in mangelndem Selbstbewusstsein und Grübeln über die Vergangenheit.

Folgende Berufe sind gut geeignet:
Betrachten wir das Element allein, ist der Erde-Mensch natürlich für alles geeignet was mit der Erde zu tun hat: Landwirt, Gärtner, Bodenleger oder Gartenbauer.
Das primäre Bedürfnis von Erde-Menschen ist das Umsorgen. Es geht ihnen darum, für Andere da zu sein. Erst wenn es allen gut geht, dürfen sie sich zurücklehnen und den Moment genießen, was sie am

liebsten im Kreis ihrer Familie tun. Daraus ergibt sich eine besondere Gabe für alle Berufe, die mit dem Nähren, Umsorgen und Dienen zu tun haben, z.B. Sozialarbeiter, Alten-,Tier- oder Kinderpfleger, Therapeut, Krankenpfleger, Arzt oder Ernährungsberater.
Da er den Genüssen des Lebens nicht abgeneigt ist, was sich oftmals in seinen vollen Lippen widerspiegelt, sind alle Berufe, die mit der Gastronomie oder mit der Verarbeitung von Lebensmitteln wie Koch, Konditor, Hotelier,Hauswirtschaftlerin, Tourismus, Bäcker, Müller, Metzger, Winzer oder auch Bierbrauer gut für ihn.

Eigenschaften und Talente des Metallelements:

Das Element Metall symbolisiert den Herbst. Es verdrängt die Hitze des Sommers und lässt die Kräfte der Natur zu ihrem Ursprung zurückkehren. Hierzu braucht es Urvertrauen! Das Vertrauen in die persönlichen Möglichkeiten, das man z.B. benötigt, um sich auf materieller Ebene seine Existenz zu bewahren und auszubauen. Daher steht die Metallenergie für Durchsetzungskraft, gepaart mit Gerechtigkeit und scharfem Verstand, wiederum gepaart mit aktivem Mitgefühl.

So steht Metall für materiellen Wohlstand (Reichtum), Erfolg und einen messerscharfen Verstand, der sich durch ein hohes analytisches Vermögen auszeichnet. Ebenso sagt man Menschen mit ausgeprägtem Element Metall einen gesunden Ehrgeiz nach. Hohe Ideale werden gelebt, nicht gepredigt, so zeigen sich nicht nur Siegeswillen, sondern auch Rechtschaffenheit und Großzügigkeit in ihrem Handeln.

Seine dreieckige Gesichtsform, die große Nase und die ausgeprägten Wangenknochen sind die markantesten Merkmale im Gesicht des Metall-Menschen. Wenn sie einen Raum betreten, nehmen sie über ihre unsichtbaren Antennen sofort die Energie in diesem Raum auf, d.h. sie nehmen wahr, ob z.B. ein Streit in der Luft hängt. Diese Eigenschaft lässt sie immer wieder die Ruhe und Einsamkeit suchen.

Der Metall-Mensch ist der geborene Perfektionist. Sein Herzenswunsch ist es, die Dinge zu verschönern. Metall-Menschen sind elegant und haben einen inneren Stolz, der sich in einer einzigartigen Stilsicherheit ausdrückt. Sie können nicht verstehen, wie man so wenig Wert auf Äußeres legen kann. Die Lunge ist das zugehörige

Metallorgan, über die wir die Luft mit Hilfe des Ein- und Ausatmens bewegen. Genauso wie die Luft den ganzen Raum erfüllt, erzeugt der Metall-Mensch eine Atmosphäre von Wohlstand und Eleganz bis hin zum Snobismus. Der Volksmund nennt dies auch „heiße Luft“ erzeugen. Dies tun sie nicht aus Arroganz, sondern viel mehr unbewusst, um sich zu schützen, damit das Umfeld von ihnen Abstand hält und somit ihre hohe Sensibilität geschützt ist.

Metall kann schneiden und der Metall-Mensch macht dies mit Worten, manchmal schneller und schärfer, als ihm lieb ist. Er ist süchtig nach Anerkennung und kann Kritik überhaupt nicht ertragen. Ein Metall-Kind, das in einem Elternhaus aufwächst, in dem es ständiger Kritik ausgesetzt ist, wird meist ein selbstkritischer Streber, der nie wirklich mit sich selber zufrieden ist.

Durch das Streben nach Perfektion erzeugen sie nach Außen das Bild von Erfolg, was ihnen oftmals wichtiger ist, als erfolgreich zu sein, ganz nach dem Motto „mehr Schein als Sein“. Dies geschieht aus ihrem Hunger nach Anerkennung und dem Wunsch, perfekt sein zu wollen. Dabei spüren sie, dass es Perfektion in der Welt nicht gibt und auch sie nicht perfekt sein können.Genau der Umstand macht es ihnen auch schwer, Lob und Anerkennung anzunehmen, da sie immer denken „Ich hätte es noch besser machen können“.
Metall-Menschen sind großzügig und wollen für ihr Umfeld nur das Beste. Sie helfen gern, wenn sie dabei anonym bleiben können.

Ausgeglichene Metallenergie:
Ist das Entwicklungsprinzip Metall in Harmonie, zeigt es sich durch Disziplin, Strenge, Gerechtigkeit und ein Gefühl für harmonische Ordnung.

Zu viel Metallenergie:
Zu viel Metallenergie wird in Form von Gefühlsblockaden, Sturheit, Rechthaberei, übertriebenen Egoismus oder Hypochondrie sichtbar.

Zu wenig Metallenergie:
Diesen Zustand erkennt man an Gram, Unbeweglichkeit, Zukunftsängsten oder anhaltender Traurigkeit.

Folgende Berufe sind gut geeignet
Natürlich eignen sich alle Berufe, die mit Metall zu tun haben wie Goldschmied, Schlosser oder Chirurg.
Das Metall-Element ist dem Herbst und damit dem Alter zugeordnet, weshalb der Metall-Mensch eine natürliche Autorität ausstrahlt, was ihn zu einer geborenen Führungskraft wie zum Beispiel Priester oder Lehrer macht. Durch sein Streben nach Perfektion, seiner Tiefgründigkeit und unvergleichlichen Sensibilität ist er als Berater, spiritueller Lehrer, Priester, Nonne, Medium, Feng Shui-Berater, wunderbar geeignet. Außerdem passt zu ihm alles, was es ihm ermöglicht, Dinge zu verschönern: Architekt, Designer, Grafiker, Kosmetiker, Visagist, Schönheitschirurg, Dermatologe oder auch Masseur.Durch ihren Hang zur Perfektion und zum Geld sind sie auch gute Buchhalter, Bankangestellte, Treuhänder, Uhrmacher und Apotheker.

Eigenschaften des Wasserelements:

Wasser steht am Anfang und am Ende des Lebenskreises, also die Zeit vor der Geburt (pränatale Phase) und nach dem Tod. Wir alle starten unser Leben im Frucht-Wasser unserer Mutter. Es ist das stärkste Yin-Element bzw. weibliche Element. Auf die Dauer gesehen ist das weibliche Element immer stärker als das männliche Element, weshalb auch die Frauen die Kinder gebären; sie haben die Kraft dazu. Markante Gesichtsmerkmale des Wasser-Menschen sind seine großen Ohren, die markante Stirn, und das ausgeprägte Kinn. Seine Gesichtsform ist eher unregelmäßig.

Dem Wasserelement eigen ist die Gefühlstiefe und die unbändige Willenskraft, die sich in einem stark vorstehenden Kinn widerspiegelt. Dem Wasser steht nichts im Weg, wenn es etwas erreichen will, vorausgesetzt, dass der Wille in der Kindheit nicht gebrochen wurde, was durch seine Gefühlstiefe leicht geschehen kann. Wasser-Kinder versetzen ihre Eltern und ihr Umfeld durch ihre philosophischen Aussagen immer wieder in Erstaunen. Die innere Kraftquelle von Wasser-Menschen ist ihre Vorstellungskraft, was sie gerne in andere Welten verschwinden lässt und für die Anderen nicht greifbar macht.

Ihre Fähigkeit, Zuhören zu können, die Innenschau, Diplomatie und großes Einfühlungsvermögen zeichnen Menschen des Elements Wasser aus. Sie haben keine Scheu, gegen den Strom zu schwimmen und den Dingen auf den Grund zu gehen. Wenn es sein muss, gehen sie auch unkonventionelle Wege. Sie erreichen immer ihr Ziel zwar, wie es dem Wasser eigen ist, nie auf direktem Weg, aber immer selbstbestimmend und kraftvoll. Wasser steht für Kommunikation,

Übermittlung von Ideen und für Glück und Erfolg im Privat- und Geschäftsleben.

Ausgeglichene Wasserenergie:
Ist die Wasserenergie ausgeglichen, zeigt sich dies in Weisheit, Verständnis, Überlegung, Willensstärke und Ambition.

Zu viel Wasserenergie:
Sie zeigt sich z.B. durch Kälte, Gefühls- und Denkblockaden, in herrischem Auftreten, Zorn oder Suchtverhalten.

Zu wenig Wasserenergie:
Diese erkennt man z.B. an einer pessimistischen, zögerlichen Grundhaltung, einer gewissen Lethargie. Außerdem an der Unfähigkeit, eigene Wünsche und Ideen zu kommunizieren und durchzusetzen.

Folgende Berufe sind gut geeignet:
Natürlich gehen alle Berufe die mit Wasser zu tun haben wie, Schwimmlehrer, Taucher, Meeresforscher, Schiffskapitän.
Menschen mit einer starken Wasser-Energie kann man nicht aufhalten. Sie erreichen ihr Ziel, wenn auch nicht auf direktem Weg. Sie verfügen über eine einzigartige Vorstellungskraft und versinken dabei in ihre eigene Welt. Sie sind kreativ, musikalisch und können den Aufbau komplizierter Zusammenhänge wunderbar erkennen, weshalb wir Wassermenschen häufig unter Computerspezialisten antreffen, ebenso in allen künstlerischen Berufen wie Maler, Musiker oder Erfinder.
Geeignet als Beruf ist weiter alles, was mit Gefühlen zu tun hat, also Therapeut, Psychologe und Psychiater.

Es besteht auch eine Befähigung für alles Mystische, z.B. Medium, Astrologe, Wahrsager, Theologe, Pfarrer und Feng-Shui-Berater. Da Wasser immer unterwegs ist, sind sie auch als Reiseleiter, Pilot oder Geschäftsreisende geeignet. Die markante Willensstärke zeichnet sie ebenso als gute Unternehmer oder Führungskräfte aus. Außerdem sind sie bestens untergebracht in allen Berufen, die mit Kommunikation zu tun haben wie Journalist, Autor, Computersprache und Marketing.

Schlusswort

Erfolg ist, wenn wir unserer Bestimmung folgen. Es ist also nicht ein bestimmtes Ziel, das es zu erreichen gilt, sondern dass Du deine einzigartigen Fähigkeiten, das, was Dich begeistert, in das Netz des Lebens einfädelst. Ganz nach dem Motto „Der Weg ist das Ziel“.

Es gibt niemanden außer Dir auf dieser Welt, niemand anders ist wie Du, niemand hat der Welt das zu geben, was Du zu geben hast. Deshalb schreibe Dir jetzt, nachdem Du dieses Buch gelesen hast, Deine einzigartigen Eigenschaften, Gaben und Talente auf, die Dich so einzigartig für Dich und die Welt machen.

Du bist ein Geschenk für die Welt. Danke, dass es Dich gibt.

Der Wunsch, Menschen dabei zu helfen, ihren Weg auf ihre eigen-sinnige Weise freudig, gesund und leicht zu gehen, hat mich dazu bewogen, dieses Buch zu schreiben und es lässt mich jeden Morgen begeistert aufstehen. Ich liebe es, als Therapeutin, Coach und Seminarleiterin Menschen dabei zu unterstützen, sich und ihr Gegenüber besser zu verstehen und zu lieben. So dass aus Angst Weisheit wird und im Gesicht ein Ausdruck heiterer Gelassenheit zu sehen ist.

So, dass sich aus Ärger und Zorn Menschenfreundlichkeit und Mitgefühl entwickelt und den Gesichtsausdruck weicher macht.

So, dass aus Erregung Liebe wird und die Augen uns voller Wärme anblicken.

So, dass aus Kummer richtiges Handeln wird und einen Gesichtsausdruck von Klarheit hervorbringt.

So, dass aus Trauer Dankbarkeit wird, die das Gesicht in Verzückung bringt.

Wenn du dein wahres Wesen erkennst und lebst, wirst du den Sinn des Lebens, deine Berufung, finden.

Du wirst Dich und Andere besser verstehen, ja, akzeptieren und lieben.

Du wirst Deinen Weg erfolgreicher, leichter, liebevoller, dankbarer und begeisterter gehen zu Deinem Wohl und zum Wohle so vieler Menschen als möglich.

Dabei wünsche ich dir alles Gute.

Ich freue mich, mit Dir gemeinsam an Deinem Leben in Gesundheit, Erfolg und Begeisterung in einem meiner Seminare, Vorträge und/oder in einer persönlichen Beratungssitzung zu arbeiten und Deinen wunderbaren Weg zu entwickeln .

Von Herzen, Beate Loos

Literaturverzeichnis

Das große Buch der chinesischen Medizin: Die Medizin von Yin und Yang in Theorie und Praxis 2010 Ted J. Kaptchuk (Autor)

Der Blick hinter die Maske: Was uns Gesichter verraten 2015 Tatjana Strobel (Autor)

Die Fünf Wandlungsphasen Studienausgabe 2014 Klaus-Dieter Platsch (Autor)

Einstieg in die Psycho-Physiognomik - Lehrbuch der ganzheitlichen Menschenkenntnis 2015 Anita Horn-Lingk (Autor)

Face Reading: Was das Gesicht über die Persönlichkeit verrät 2004 Stephanie Palm

Gefühle lesen: Wie Sie Emotionen erkennen und richtig interpretieren 2010Paul Ekman

Gesichtsdiagnose: in der chinesischen Medizin 2014 Lillian Pearl Bridges (Autor)

Gesichtlesen - Face Reading: Charakter und Persönlichkeit 2012 Eric Standop (Autor)

Gesichter sprechen: Physiognomik und Mimik des menschlichen Gesichtes auf der Grundlage der Huter'schen Psychophysiognomik. 2009 von Fritz Aerni (Autor)

Illustriertes Handbuch der praktischen Menschenkenntnis: nach meinem System der wissenschaftlichen Psychophysiognomik. Körper-, Kopf-, Gesichts- und Augenausdruckskunde. 2004
Fritz Aerni (Herausgeber, Illustrator, Bearbeitung), Carl Huter (Autor)

Krankheit als Weg von Thorvald Detlefen und Rüdiger Dahlke

Krankheit als Sprache der Seele Rüdiger Dahlke

Krankheiten auf einen Blick erkennen: Antlitz- und Körperdiagnose sowie weitere Techniken, um Menschen ganzheitlich zu erfassen Taschenbuch 2013
von Heiko Gärtner (Autor), Tobias Krüger

Lehrbuch der Menschenkenntnis: Einführung in die Huter'sche Psychophysiognomik und Kallisophie.2003 Fritz Aerni (Autor)

Lehrbuch der Psycho-Physiognomik: Antlitzdiagnostik für die Praxis 2010
Wilma Castrian (Autor)

Menschencode®: Wie Sie sich und andere entschlüsseln 2015 Sabine Oberhardt (Autor)

Naturell und Temperament: Die Huter'sche Naturell- und Temperamentslehre. 7. 2013
Fritz Aerni (Autor)

Organbalance: Körper und Seele im Einklang mit den 5 Elementen 2014Andreas Toll Dagmar Hemm (Autor)

Psychologie und Chinesische Medizin: Zukunftsweisende Erkenntnisse über das energetische Zusammenspiel von Emotionen und Körperfunktionen 2000 Leon Hammer

Praxis der Pathophysiognomik: Lehrbuch und Bildatlas der Krankheitszeichen im Gesicht 2014 von Natale Ferronato (Autor)

Praxis der Psycho-Physiognomik: Das Arbeitsbuch zur Antlitzdiagnostik mit Fallbeispielen 2006 von Wilma Castrian (Autor)

Psychosomatik in der Chinesischen Medizin 2012 Klaus-Dieter Platsch (Autor)

Taoistisches Gesichter-Lesen 2015 Wendelin Niederberger (Autor)

Tiger bändigt Drache. Eine Anleitung zu einem besseren Verständnis für die Traditionelle Chinesische Heilkunde insbesondere der Fünf Wandlungsphasen 2002
Katharina Sabernig (Autor)

Zeitfracht Medien GmbH
Ferdinand-Jühlke-Straße 7
99095 Erfurt, Deutschland
produktsicherheit@kolibri360.de